A Prueba de Fuego

Por Naomi Espinoza

Copyright Page

Edición y desarrollo de contenido:
Cesi Razo, Jorge Valenciano, Linda Venzor

Diseño de portada:
Luis Gutierrez y Janet Valenciano

Publicado por EaglesNest Publishing LLC

Impreso en los Estados Unidos de América

Dedicatoria

Este libro está dedicado al mayor Intercesor: Jesucristo.

Por Su vida de oración, por traer el Reino de los Cielos a la tierra y por dejarnos un legado eterno de intercesión que transforma generaciones.

Lo dedico a todos los intercesores que han pagado un precio juntamente conmigo en las madrugadas, creyendo por el mover sobrenatural de Dios sobre nuestras vidas y sobre nuestra ciudad. Cada lágrima, cada gemido y cada clamor no han sido en vano.

Lo dedico a las mujeres que han decidido levantarse como intercesoras y ayudas idóneas en sus hogares, restaurando el sacerdocio y estableciendo el diseño original de Dios en estos tiempos.

Y finalmente, lo dedico a mis hijos. Ustedes han sido mi mayor motivo para crecer, avanzar y abrir camino. Que este legado prepare la senda para ustedes y para las generaciones que vendrán después.

Agradecimientos

Quiero agradecer profundamente a mis padres, quienes me dieron el ejemplo del amor paternal y sembraron en mí principios que hoy sostienen mi vida.

Agradezco a mi Padre Espiritual, Apóstol Guillermo Maldonado, por su cobertura, enseñanza y ejemplo de fe. Su impartición ha sido parte fundamental en mi formación espiritual.

Agradezco de manera muy especial a mi esposo, el Apóstol Víctor Espinoza, por su amor, su cobertura y su caminar fiel a mi lado. Gracias por ser una voz de dirección, por impulsarme a avanzar en el propósito de Dios y por sostener, junto conmigo, el llamado que Él nos ha confiado.

A cada líder y figura de autoridad que contribuyó a mi proceso de carácter y madurez: cada corrección, cada consejo y cada palabra fueron instrumentos de Dios para formarme.

Y finalmente, a cada intercesor de madrugada que parió este libro en el espíritu. Ustedes no solo oraron por páginas; oraron por generaciones.

Gracias.

Cómo Usar Este Libro

Este libro no fue escrito solamente para leerse. Fue escrito para vivirse.

Cada capítulo está diseñado para llevarte por un proceso:

- Restaurar tu identidad
- Sanar a través del fuego
- Activar tu autoridad espiritual
- Levantar generaciones
- Establecer el Reino en tu hogar

Te recomiendo que no lo leas con prisa. Permite que cada capítulo ministre tu corazón. Subraya, escribe, ora y regresa a las secciones que más hablen a tu espíritu.

En el Capítulo "Las Oraciones de una Madre" encontrarás espacios para escribir. Úsalos. Declara en voz alta. Intercede por nombre. Haz de este libro un altar personal.

Puedes usarlo:

- Como devocional personal
- Como material de estudio en grupos de mujeres
- Como guía de oración familiar
- Como herramienta de activación en retiros o conferencias

No solo busques información. Busca transformación.

Que cada página te recuerde quién eres. Que cada declaración active tu fe. Y que cada oración marque tus generaciones.

Este no es el final de tu historia. Es el comienzo de una mujer a prueba de fuego.

Tabla de Contenido

Introducción

"Mujer virtuosa, ¿quién la hallará? Porque su estima sobrepasa largamente a la de las piedras preciosas." (Proverbios 31:10)

Desde el principio, la mujer fue creada con propósito, dignidad y valor. No fue formada por accidente ni como complemento inferior, sino como parte esencial del diseño perfecto de Dios. Fue creada con feminidad, sensibilidad, fortaleza y capacidad para dar vida, para edificar y para reflejar en la tierra la imagen y semejanza de su Creador.

Sin embargo, a lo largo del tiempo, muchas mujeres han sido heridas, confundidas y despojadas de su identidad. Las circunstancias, las traiciones, las injusticias y las presiones de la sociedad han distorsionado la manera en que la mujer se ve a sí misma. Lo que Dios diseñó con honra, el mundo lo ha cargado con dolor.

Quizás has sentido que has perdido tu valor. Quizás las luchas te han hecho olvidar quién eres. Pero el diseño original de Dios no ha cambiado. Su intención para la mujer sigue intacta.

El hombre y la mujer fueron creados con funciones distintas, pero con la misma importancia dentro del plan divino. Cuando la mujer intenta sobrevivir fuera de ese diseño, termina agotada, herida o confundida. Pero cuando vuelve al propósito original, encuentra identidad, fuerza y dirección.

Este libro nace con un propósito claro: ayudarte a recuperar, sanar y restaurar el diseño con el cual fuiste creada. No importa cuán profundo haya sido el fuego que atravesaste. Dios todavía está formando mujeres valientes, restauradas y victoriosas.

Oración

Padre amado,

En el principio Tú creaste los cielos y la tierra, y hoy regresamos a Ti como nuestro origen y nuestro Creador. Gracias porque nos formaste intencionalmente a Tu imagen, con belleza, cuidado y propósito como mujeres. Restaura nuestra identidad en todo lugar donde ha sido moldeada por algo que no proviene de Tu voz. Enséñanos a vernos como Tú nos ves.

Señor, Tú dijiste que no era bueno que el hombre estuviera solo, y creaste a la mujer como ayuda idónea, necesaria dentro de Tu diseño original. Perdónanos por permitir que ese diseño fuera distorsionado. Sana todo entendimiento equivocado y danos confianza para caminar en el propósito que nos has dado, con sabiduría y gracia.

Aun después de la caída, llamaste a la mujer "Chavah", dadora de vida. Gracias porque nuestro propósito nunca fue removido. Restaura lo que fue quebrado y despierta en nosotras la vida que fuimos creadas para dar.

Declaro que somos creadas a Tu imagen, escogidas y llamadas con propósito. Somos dadoras de vida, y llevamos vida a nuestro hogar, comunidad y a todo lugar donde Tú nos envíes.

En el nombre de Jesús. Amén.

— Pastora Jovanna Espinoza

CAPÍTULO 1

Diseño y Propósito: Volviendo al Origen

"En el principio creó Dios los cielos y la tierra."
(Génesis 1:1)

Todo lo que Dios creó, lo creó con intención. Nada fue producto del azar. El propósito es la intención original por la cual algo fue diseñado, y no hay nada más transformador que una mujer conozca y entienda la razón por la cual fue creada.

Cuando el ser humano inventa algo, lo hace para responder a una necesidad. La bombilla fue creada para iluminar la oscuridad, el teléfono para conectar a las personas a distancia. Toda creación responde a un propósito específico.

De la misma manera, cuando Dios creó al ser humano, lo hizo con un diseño eterno, no temporal.

"Hagamos al ser humano a nuestra imagen y semejanza…" (Génesis 1:26–27)

El hombre y la mujer fueron creados para reflejar la imagen de Dios en la tierra y ejercer dominio bajo Su autoridad. No fueron diseñados para competir entre sí, sino para caminar en unidad, reflejando el carácter del Creador.

El propósito original solo funciona cuando existe alineación con el diseño del Creador.

Identidad Antes que Función

Solo a través de la identidad el ser humano puede comprender su propósito. La identidad es la verdad acerca de quién es una persona. Cuando alguien conoce su identidad, encuentra dirección, estabilidad y destino.

El problema no es la falta de propósito; es la falta de revelación de identidad.

Desde el principio, Dios entregó instrucciones claras que revelaban propósito:

1. Fructificar

2. Multiplicarse

3. Llenar la tierra

4. Sojuzgarla

5. Ejercer dominio

6. Labrar

7. Guardar

Estas instrucciones no eran cargas, eran privilegios. Eran evidencia de confianza divina. Dios no le dio responsabilidad al ser humano para oprimirlo, sino para posicionarlo.

El Diseño de la Mujer

"Luego Dios el Señor dijo: No es bueno que el hombre esté solo; le haré ayuda idónea." (Génesis 2:18)

La palabra idónea significa adecuada, correspondiente, complementaria. La mujer no fue creada para ser inferior ni superior, sino para completar el diseño que Dios había establecido.

Ella fue diseñada como respuesta divina a una

necesidad que el hombre, por sí solo, no podía suplir.

"Y llamó Adán el nombre de su mujer, Eva, por cuanto ella era madre de todos los vivientes." (Génesis 3:20)

Eva, en hebreo *Chawah*, significa "dadora de vida".

Esto revela que la mujer no fue creada únicamente para dar vida biológica, sino para impartir vida espiritual, emocional y generacional. Su diseño trasciende lo natural y se establece en lo eterno.

Su vientre es incubador de destino. Su voz edifica generaciones. Su presencia fortalece pacto.

Unidad y Diseño

El diseño original de Dios incluía unidad. El hombre y la mujer caminaban juntos bajo autoridad divina, funcionando como un solo cuerpo en propósito.

Cuando esa unidad se rompe, el propósito se debilita. No porque Dios lo haya cancelado, sino porque se ha perdido la alineación con el diseño original.

Si hoy estás atravesando crisis en tu matrimonio, conflictos familiares o desorientación en tu hogar, no significa que el propósito ha muerto. Significa que necesita ser restaurado.

El poder de Dios se manifiesta cuando una mujer decide regresar al diseño original.

No es tiempo de rendirse. Es tiempo de volver al origen.

Restauración del Diseño

En Génesis 3:15, Dios declara que la simiente de la

mujer aplastará la cabeza de la serpiente. Aun despúes de la caída, Dios habló restauración.

Esto revela un principio eterno: el propósito nunca fue cancelado. Fue afectado, pero no eliminado.

Dios sigue levantando mujeres que entienden su identidad y se alinean con Su diseño.

Quizás has pasado por fuego. Quizás has sido herida. Quizás sientes que has perdido dirección.

Pero el diseño original de Dios sobre tu vida permanece intacto.

Cuando una mujer entiende quién es, el cielo responde. Y cuando el cielo responde, las generaciones cambian.

Claves para recordar

- Fuiste creada con intención, no por accidente
- La identidad define el propósito
- El diseño original de Dios no ha sido cancelado
- Regresar al origen restaura dirección

Declaración Profética

Hoy declaro sobre tu vida que regresas al diseño original con el cual fuiste creada.

Declaro que no eres un accidente, no eres un error y no estás fuera del plan de Dios. Fuiste formada con intención eterna y llevas dentro de ti propósito divino.

Cancelo toda mentira que haya distorsionado tu identidad y silencio toda voz que haya intentado definirte fuera del diseño del Creador.

Declaro que eres portadora de la imagen de Dios en la tierra. Has sido llamada a edificar, a fortalecer y a dar vida.

Declaro que tu hogar tiene propósito, tu matrimonio tiene propósito y tus hijos tienen propósito.

Aunque hayas atravesado fuego, el propósito sobre tu vida permanece intacto. Nada ha podido cancelar lo que Dios escribió en la eternidad acerca de ti.

Hoy te alineas con el cielo. Hoy recuperas tu identidad. Hoy se activa el diseño divino sobre tu vida y sobre tus generaciones.

En el nombre de Jesús. Amén.

Oración

Padre eterno,

En el nombre de Jesús, hoy volvemos a Ti como nuestro Diseñador. Reconocemos que solo en Ti encontramos identidad, propósito y dirección. Renunciamos a toda mentira que haya distorsionado quiénes somos y declaramos que regresamos a Tu verdad.

Señor, donde hubo confusión, trae claridad. Donde hubo engaño, establece Tu verdad. Donde hubo desorden, alinea nuestra vida conforme a Tu diseño perfecto. Sana nuestro interior y restaura nuestra manera de vernos, para vivir desde la identidad que Tú nos has dado.

Espíritu Santo, guíanos a caminar en comunión contigo. Alinea nuestros pensamientos, nuestras decisiones y nuestros pasos a Tu voluntad. Levántanos como mujeres firmes, seguras en su diseño y comprometidas con Tu propósito.

Hoy declaramos que toda distorsión pierde poder y que Tu verdad se establece en nosotros. Volvemos al origen y caminamos en restauración.

En el nombre de Jesús. Amén.

— **Pastora Janet Valenciano**

CAPÍTULO 2

La Crisis del Diseño

*"Y vio la mujer que el árbol era bueno para comer, y
que era agradable a los ojos, y árbol codiciable para alcanzar
la sabiduría; y tomó de su fruto, y comió; y dio también a su
marido, el cual comió así como ella."*
(Génesis 3:6)

Dios no creó al ser humano para vivir separado de Él. El diseño original incluía comunión, autoridad y propósito en perfecta armonía. El hombre y la mujer caminaban en unidad, sin vergüenza, sin temor y sin distorsión interna. Había claridad en su identidad, seguridad en su propósito y plenitud en su relación con Dios. Todo estaba alineado al orden del cielo, y esa alineación producía vida en cada dimensión de su existencia. No había confusión, no había lucha interna, no había necesidad de esconderse, porque el ser humano conocía quién era y de dónde provenía.

Ese era el estado original del ser humano: claridad, seguridad y dirección. No había preguntas internas porque había una voz externa que definía todas las cosas. La identidad no se construía; se recibía. El propósito no se buscaba; se caminaba. Todo fluía desde la conexión con Dios.

Sin embargo, ese diseño no fue destruido de inmediato, sino interrumpido a través de una decisión. La caída no fue simplemente un error aislado, fue un momento que abrió la puerta a una nueva realidad.

Una realidad donde el ser humano comenzó a vivir desconectado de su origen, intentando sostenerse sin la referencia de Dios. Y cuando el ser humano se desconecta de su Creador, inevitablemente pierde dirección, porque la identidad no se encuentra dentro de uno mismo, sino en Aquel que diseñó todas las cosas con intención eterna.

Y aquí comienza una de las verdades más importantes: Cuando el ser humano pierde la referencia de Dios, comienza a crear su propia versión de identidad. Y toda identidad creada fuera de Dios siempre estará incompleta.

La crisis del diseño comenzó en el momento en que la voz de Dios dejó de ser la autoridad principal en el corazón del hombre. No fue la ausencia de Dios lo que causó la caída, sino la sustitución de Su voz por otra. El enemigo no irrumpió con violencia, no obligó, no impuso; se acercó con sutileza, con una pregunta que parecía inocente, pero que llevaba dentro una distorsión peligrosa:

"¿Conque Dios os ha dicho…?" (Génesis 3:1)

Esa pregunta no buscaba información, buscaba sembrar duda. Y la duda, cuando no es confrontada con la verdad, se convierte en el inicio de la desviación.

El enemigo no necesita quitar completamente la verdad; le basta con alterarla. Porque una verdad alterada produce una identidad distorsionada. Y una identidad distorsionada produce decisiones que alejan del propósito.

La caída comenzó en lo interno antes de manifestarse en lo externo. Eva no cayó en un instante; fue un proceso. Primero escuchó una voz distinta, luego consideró una posibilidad, después permitió que el deseo creciera en su interior, y finalmente actuó en base a esa percepción alterada. Así funciona toda distorsión espiritual: no comienza con la acción, comienza con la percepción. Y cuando la percepción cambia, las decisiones también cambian.

Por eso, el enemigo trabaja primero en la mente. Si puede alterar lo que una mujer piensa de sí misma, puede alterar la manera en que vive, decide y se posiciona.

Cuando el ser humano decidió apartarse de la instrucción divina, la consecuencia no se limitó a un acto, sino que produjo una ruptura profunda en todas las áreas. La relación con Dios fue afectada, la relación entre el hombre y la mujer se fracturó, y la identidad comenzó a distorsionarse. Lo que antes era natural se volvió incómodo.

"Entonces fueron abiertos los ojos de ambos, y conocieron que estaban desnudos" (Génesis 3:7)

La vergüenza entró como evidencia de una desconexión interna. El ser humano dejó de verse desde el diseño de Dios y comenzó a verse desde la caída.

Y desde ese momento, la humanidad comenzó a vivir tratando de cubrir lo que antes no necesitaba cubrir. Porque cuando se pierde la identidad, se pierde la seguridad.

La mujer, que fue diseñada para dar vida, comenzó a experimentar dolor en el proceso. El hombre, que fue llamado a cubrir y liderar desde la presencia, comenzó a señalar y a evadir responsabilidad. La armonía fue reemplazada por tensión, y el hogar, que debía ser un espacio de vida, comenzó a reflejar conflicto.

Y lo que comenzó en el huerto, hoy se manifiesta en hogares, familias y generaciones.

La Manifestación Moderna de la Crisis

Hoy, la distorsión del diseño no solo existe, sino que se ha intensificado de manera evidente. La mujer moderna enfrenta luchas que no solo afectan su entorno, sino su identidad más profunda. Estas realidades no son aisladas ni superficiales; son el reflejo de una batalla espiritual dirigida a debilitar aquello que Dios diseñó con intención eterna.

Jesús lo declaró claramente:

> *"El ladrón no viene sino para hurtar, matar y destruir…"*
> *(Juan 10:10)*

El enemigo sigue operando bajo este mismo principio, atacando a la mujer no solo por lo que es, sino por lo que porta. Porque al afectar a la mujer, afecta el hogar, la familia y las generaciones.

El Dolor que Interrumpe el Diseño: Aborto

Una de las realidades más profundas que enfrenta la mujer hoy en día es el aborto. Muchas veces no es una decisión tomada desde claridad, sino desde presión, miedo, abandono o desesperación. Es un momento donde la mujer se encuentra sola frente a una decisión que deja marcas más allá de lo físico.

Se estima que millones de abortos ocurren cada año a nivel mundial, reflejando no solo una crisis social, sino una profunda herida espiritual en la mujer.[1]

El aborto no solo interrumpe un proceso natural,

---

1 Según la Organización Mundial de la Salud (OMS), se estima que ocurren aproximadamente 73 millones de abortos inducidos cada año en el mundo, reflejando una realidad global que impacta profundamente la salud física, emocional y social de la mujer Fuente: World Health Organization (WHO), Abortion Care Guideline, 2022

sino que también puede dejar consecuencias emocionales y espirituales como culpa, vergüenza y dolor interno que muchas veces no se expresa, pero que influye en la identidad.

Sin embargo, es importante declarar una verdad:

"Donde abundó el pecado, sobreabundó la gracia" *(Romanos 5:20)*

Dios no responde con condenación, sino con restauración. No importa el pasado, siempre existe un camino de sanidad.

El Peso Invisible: Depresión, Ansiedad y Posparto

Muchas mujeres viven batallas que no se ven. Son luchas internas que no siempre tienen palabras, pero que pesan profundamente en el alma.

La depresión, la ansiedad y la depresión posparto se han vuelto cada vez más comunes. Se estima que aproximadamente 1 de cada 7 mujeres experimenta depresión posparto, afectando su bienestar emocional en una etapa donde debería haber gozo.[2]

Estas condiciones no solo afectan emociones; afectan identidad. Una mujer puede comenzar a cuestionar su valor, su capacidad y su propósito.

Pero la Palabra declara:

---

2   Diversos estudios clínicos indican que aproximadamente 1 de cada 7 mujeres experimenta depresión posparto, afectando su bienestar emocional, su identidad y su capacidad de adaptación durante una etapa crucial de la maternidad. Fuente: American Psychological Association (APA) y Centers for Disease Control and Prevention (CDC)

"Porque no nos ha dado Dios espíritu de cobardía, sino de poder, de amor y de dominio propio" (2 Timoteo 1:7)

Esto revela que, aunque la batalla es real, también lo es la respuesta de Dios.

La Cultura del Desesperar: Suicidio

El aumento del suicidio en mujeres refleja una crisis profunda de esperanza. Cuando la identidad se pierde, la visión se apaga. Y cuando la visión se apaga, la vida comienza a sentirse sin propósito.

Estudios recientes muestran un incremento preocupante en pensamientos suicidas en mujeres, especialmente en jóvenes, lo cual evidencia una generación luchando internamente sin dirección clara.[3]

Pero la Escritura declara:

"Cercano está Jehová a los quebrantados de corazón…" (Salmos 34:18)

Dios no abandona a la mujer en su dolor. Él se acerca.

Relaciones Quebradas: Violencia Doméstica

El diseño de Dios nunca incluyó abuso, manipulación o violencia. Sin embargo, millones de mujeres viven bajo estas realidades.

Se estima que 1 de cada 3 mujeres ha experimentado

---

3   Investigaciones recientes han mostrado un aumento significativo en los niveles de ideación suicida en mujeres, especialmente en adolescentes y jóvenes adultas, reflejando una crisis de salud mental a nivel global. Fuente: Centers for Disease Control and Prevention (CDC) y National Institute of Mental Health (NIMH).

violencia física o emocional en algún momento de su vida.[4]

Esto distorsiona completamente la percepción del amor, la autoridad y el valor propio.

Pero el modelo de Dios es claro:

> *"Maridos, amad a vuestras mujeres, así como Cristo amó a la iglesia…" (Efesios 5:25)*

El amor de Cristo no hiere—restaura.

Heridas que Distorsionan el Diseño

Muchas de estas decisiones y experiencias nacen en momentos de vulnerabilidad. El dolor no tratado comienza a moldear la identidad. Y cuando la identidad es moldeada por la herida, la vida se vive desde la reacción, no desde el propósito.

La mente se convierte en un campo de batalla.

Pensamientos de culpa, insuficiencia, rechazo y desesperanza comienzan a tomar lugar. Y cuando esos pensamientos no son confrontados con la verdad, se convierten en fortalezas.

Pero la Palabra declara:

> *"Porque no nos ha dado Dios espíritu de cobardía, sino de poder, de amor y de dominio propio" (2 Timoteo 1:7)*

Esto significa que lo que muchas mujeres están experimentando no proviene de Dios. Pero también significa que en Dios hay una salida.

---

4 De acuerdo con la Organización Mundial de la Salud (OMS), aproximadamente 1 de cada 3 mujeres en el mundo ha experimentado violencia física o sexual en algún momento de su vida, generalmente por parte de una pareja íntima. Fuente: World Health Organization (WHO), Violence Against Women Prevalence Estimates, 2021.

La Distorsión de la Identidad

El ataque más fuerte del enemigo no es externo, es interno. Su objetivo es confundir.

"Mi pueblo fue destruido, porque le faltó conocimiento…" (Oseas 4:6)

Una mujer sin identidad buscará definirse por lo que ha vivido. Por lo que otros dijeron. Por lo que el mundo establece.

Y en ese proceso, muchas han aprendido a sobrevivir.

Han aprendido a defenderse Han aprendido a no depender. Han aprendido a construir una fortaleza externa.

Pero esa fortaleza no sana—solo protege.

Y lo que comenzó como protección puede convertirse en distorsión.

Diseño, No Competencia

Dios no creó al hombre y a la mujer para competir, sino para complementarse.

"Varón y hembra los creó" (Génesis 1:27)

Ninguno es mayor ni menor. Ambos son necesarios.

Cuando este diseño se pierde, comienza la lucha. Pero cuando se restaura, comienza la unidad.

El Camino de Restauración

A pesar de la crisis, Dios sigue restaurando.

"Yo te restauraré la salud…" (Jeremías 30:17)

La restauración comienza cuando la mujer regresa a Dios.

No para reconstruirse desde el esfuerzo, sino para alinearse nuevamente con el diseño.

Claves para Recordar

- La crisis comenzó con una distorsión de la verdad
- El enemigo ataca la identidad para afectar generaciones
- Las heridas no definen el propósito
- La restauración comienza al regresar a Dios

Declaración Profética

Hoy declaro que toda distorsión pierde poder sobre tu vida.

Declaro que toda herida es sanada, que toda mentira es silenciada y que la verdad de Dios se establece en tu identidad.

Te levantas con claridad, con propósito y con autoridad espiritual.

En el nombre de Jesús. Amén.

Oración

Padre amado,

Hoy declaro sobre cada mujer que lee este libro que ha sido escogida desde antes de la fundación del mundo. Declaro que reconoce que es una dadora de vida, formada por Tus manos para este tiempo.

Aun en medio del fuego, de las crisis y del dolor, Tu presencia se intensifica en ella. La fortaleces y la levantas como instrumento para dar vida, multiplicar y establecer Tu propósito en la tierra.

Declaro que, aunque pase por el fuego, no será consumida

Como dice Tu palabra:

"…Cuando pases por el fuego, no te quemarás…" (Isaías 43:2).

En medio de la prueba, será fortalecida y afirmada por Ti.

Profetizo que dará a luz propósito, levantará generaciones y caminará en Tu llamado.

Tú eres su guardador y su Salvador.

En el nombre de Jesús. Amén.

— Pastora María Hernández

CAPÍTULO 3

Dadora de Vida en Medio del Fuego

Pero ¿qué sucede cuando una mujer, llamada a dar vida, se siente vacía por dentro? ¿Qué ocurre cuando aquella que fue diseñada para edificar se encuentra rota, y cuando la que carga propósito comienza a cargar dolor?

Desde el principio, la mujer fue diseñada como *Chawah*, una dadora de vida. Su naturaleza no era solo biológica, sino espiritual: producir, nutrir, formar y establecer propósito en la tierra. Sin embargo, la vida que ella fue llamada a manifestar no siempre se desarrolla sin oposición. Donde hay propósito, hay resistencia; y donde hay destino, hay guerra.

Muchas veces, esa guerra no comienza en el exterior, sino en el interior del alma.

A lo largo de la vida, hay dolores que no se ven, pero que pesan profundamente. Heridas que no sangran, pero que dejan marcas internas. Procesos en los que nadie aplaude, pero en los que Dios está obrando silenciosamente. En esos momentos, la mujer puede comenzar a cuestionar su valor, su propósito y hasta su identidad.

La historia de Ana refleja esta realidad con una claridad poderosa. La Escritura nos dice que Penina, su rival, la provocaba constantemente, hasta llevarla a un estado de profunda tristeza:

"La irritaba, enojándola y entristeciéndola" (1 Samuel 1:6–7).

Ana tenía una posición, tenía un pacto matrimonial y tenía un lugar dentro de su hogar, pero no tenía fruto. Y en su esterilidad, fue expuesta emocionalmente.

El problema no era únicamente su condición, sino la presión constante sobre esa condición.

El dolor no tratado nunca permanece estático. Comienza como tristeza, evoluciona en frustración, y si no es llevado a Dios, puede convertirse en amargura. La amargura es una de las condiciones más peligrosas del corazón, porque distorsiona la percepción, endurece el espíritu y debilita la fe. Una mujer puede seguir avanzando en la vida, pero dejar de esperar algo bueno. Puede continuar cumpliendo responsabilidades, pero sin esperanza en su interior.

Una mujer herida comienza a reaccionar en lugar de responder. Se aísla emocionalmente, pierde sensibilidad espiritual, se compara constantemente y, sin darse cuenta, empieza a normalizar el dolor como parte de su identidad. Ese es el punto más crítico: cuando el dolor deja de ser una etapa y se convierte en una forma de vivir.

Pero Ana tomó una decisión diferente.

Ella no negó su dolor, pero tampoco se quedó en él. La Biblia declara que, en medio de su angustia, comenzó a orar y a derramarse delante de Dios

"Ella con amargura de alma oró a Jehová, y lloró

abundantemente." (1 Samuel 1:10).

Ana llevó su dolor al lugar correcto. No lo descargó en las personas, ni lo convirtió en resentimiento; lo transformó en intercesión.

Existe una gran diferencia entre expresar dolor y entregarlo. El llanto puede aliviar una emoción, pero la oración transforma una vida. Ana pasó de la queja al clamor, de la frustración a la entrega, y del dolor a un pacto con Dios.

En ese momento, su historia comenzó a cambiar.

Ana no solo oró; se comprometió. Su petición no estaba basada únicamente en su necesidad, sino en propósito.

"Si me das un hijo… yo te lo entregaré" (1 Samuel 1:11).

Este es el punto donde el corazón madura espiritualmente. Ya no se busca solo recibir, sino participar en lo que Dios quiere hacer.

Dios no solamente respondió a Ana; le entregó a Samuel. No era solo un hijo, era un profeta, un instrumento que marcaría una generación entera. Esto nos revela un principio: el dolor, cuando es procesado correctamente, no destruye el propósito, lo revela.

El fuego de los procesos tiene una función específica. No viene para destruir, sino para purificar y evidenciar lo que realmente hay en el interior. En medio de la presión, se revela la fe, el carácter y la dependencia de Dios. Por eso, muchas de las historias más grandes de la Escritura nacen en contextos de dificultad. No habría Samuel sin Penina, no habría David sin Goliat, no habría Ester sin Amán. La presión no es señal de abandono; es evidencia de propósito.

Desde el principio, Dios estableció que habría una

lucha por la simiente.

"La simiente de la mujer aplastará la cabeza de la serpiente" *(Génesis 3:15).*

Esta declaración revela que existe una guerra espiritual por las generaciones. No solo se trata de hijos, sino de legado, de propósito y de destino.

Tus hijos no son un accidente. La Palabra declara que

"Todos mis días estaban escritos… antes que existiera uno de ellos" *(Salmos 139:16).*

Cada vida es diseñada con intención divina. Cada generación tiene un propósito asignado por Dios. Por eso, lo que el cielo establece, el enemigo intenta resistir.

Sin embargo, Dios no ha cambiado su diseño. Él no creó al ser humano para vivir limitado a lo natural. El diseño original incluía comunión, autoridad y una vida en Su presencia. Pero cuando el hombre cayó, comenzó a buscar soluciones naturales para problemas espirituales. Y ahí es donde muchas luchas se intensifican.

Dios está llamando nuevamente a la mujer a regresar a su lugar de origen: Su presencia. El profeta Joel declara:

"Derramaré mi Espíritu sobre toda carne" *(Joel 2:28).*

Esto incluye a las generaciones. Tus hijos no están destinados a perderse; están destinados a caminar en lo sobrenatural. Tu casa no está diseñada para el caos, sino para reflejar el orden del cielo.

La sanidad comienza cuando una mujer reconoce su herida, decide no vivir desde ella, la presenta delante de Dios, perdona y vuelve a creer. Sanar no significa olvidar, sino dejar de sangrar por la misma herida. Es permitir que Dios cierre lo que el dolor dejó abierto.

En conclusión, el fuego que una mujer atraviesa no es una señal de destrucción, sino de formación. Dios no cancela propósito a causa del dolor; lo refina a través de él. Lo que parecía ser un obstáculo, en realidad se convierte en el escenario donde el propósito se revela.

Claves para recordar

- El dolor no cancela el propósito, lo revela
- El fuego no destruye, forma
- Lo que entregas a Dios se transforma
- Tu proceso tiene un resultado Eterno

Declaración Profética

Hoy declaro sobre tu vida que el fuego que atravesaste no te destruyó, te formó. Declaro que toda herida que intentó definirte pierde autoridad en este momento.

Declaro que donde hubo esterilidad, Dios trae fruto; donde hubo dolor, Dios levanta propósito; y donde hubo lágrimas, Dios establece legado.

Tus generaciones están cubiertas por pacto. Tus hijos caminarán en propósito, y tu casa será establecida conforme al diseño del cielo.

Declaro que regresas al ámbito sobrenatural, que tu fe se levanta y que tu autoridad se activa.

El fuego no te consume. Te refina.

En el nombre de Jesús. Amén.

Oración

Padre,

En este momento levanto delante de Ti a cada mujer que lee este libro. Oro por una restauración divina de su identidad. Donde el enemigo habló mentiras, donde el mundo declaró que no era suficiente, y donde la confusión intentó tomar lugar, hoy reprendo toda mentira y derribo toda etiqueta que fue puesta sobre su vida, en el nombre de Jesús.

Declaro que toda identidad falsa cae ahora. Su pasado no la define. Ella es quien Tú dices que es. Está sentada juntamente con Cristo, en un lugar de autoridad y pertenencia.

Desde hoy se afirma en su posición en Cristo. Se levanta con seguridad, sabiendo que ha sido llamada, escogida y hecha completa en Ti. Su identidad es restaurada y permanece firme en Tu verdad.

"Y vosotros estáis completos en él…" (Colosenses 2:10)

En el nombre poderoso de Jesús. Amén.

— Pastora Janet Valenciano

La Mujer del Ahora: Restaurando su Identidad

Toda mujer, en algún momento de su vida, se enfrenta a preguntas que no pueden ser ignoradas. No son preguntas superficiales ni pasajeras; son preguntas que nacen desde lo más profundo del alma y que marcan el rumbo de su vida: ¿Quién soy? ¿Por qué estoy aquí? ¿Cuál es mi propósito? Estas preguntas no aparecen por casualidad. Son evidencia de que hay una búsqueda interna por algo más grande, algo eterno, algo que trasciende lo visible.

Una mujer puede tener metas claras, sueños definidos y aún así sentir que algo falta. Puede avanzar, lograr objetivos, cumplir responsabilidades y ser reconocida externamente, pero en su interior experimentar un vacío que nada material puede llenar. Ese vacío no es debilidad; es señal de que el alma fue diseñada para algo más profundo que el éxito humano. Fue diseñada para conexión con Dios. Y mientras esa conexión no esté alineada, siempre habrá una sensación de incompletitud.

Desde el principio, Dios estableció el diseño de la mujer con intención divina. La mujer no fue creada como una respuesta improvisada, ni como un complemento secundario dentro del plan de Dios. Fue parte del diseño original.

"Haré ayuda idónea para él" (Génesis 2:18).

Esta declaración no habla de inferioridad, sino de propósito. La palabra idónea implica correspondencia, complemento perfecto, una ayuda alineada al diseño de Dios.

Dios tomó del costado del hombre, de lo más cercano al corazón, para formar a la mujer. Este detalle no es simbólico solamente; es profundamente revelador. La mujer no fue creada desde la distancia, ni desde una posición inferior o superior, sino desde la cercanía. Fue diseñada para caminar en unidad, en conexión, en propósito compartido. Su origen revela su función: no fue creada para competir, sino para completar el diseño de Dios en la tierra.

El nombre Eva significa "dadora de vida". Su identidad estaba directamente ligada a su propósito. Ella no tenía que descubrir quién era; ya había sido definida por Dios desde el principio. Su esencia estaba alineada con su asignación. Y esto revela un principio espiritual importante: cuando la identidad está clara, el propósito fluye de manera natural.

Cuando la Identidad se Distorsiona

La caída no solo introdujo dolor en la humanidad; introdujo confusión. A partir de ese momento, la identidad del ser humano fue afectada, y la mujer comenzó a buscar su valor en lugares que nunca fueron diseñados para sostenerla. La desconexión con Dios generó una desconexión interna, y esa desconexión produjo inseguridad, comparación y búsqueda constante de validación.

Algunas mujeres buscan su identidad en la aceptación de otros, intentando llenar el vacío a través del reconocimiento. Otras buscan control, creyendo que al tener dominio sobre su entorno encontrarán seguridad. Otras desarrollan independencia como una forma de protegerse del dolor, construyendo barreras que las aíslan más de lo que las protegen. Pero ninguna de estas respuestas puede sustituir lo que solo Dios puede establecer.

La identidad no se construye por esfuerzo humano. No se logra por desempeño, ni se define por experiencias. La identidad se recibe por revelación divina. Y mientras una mujer intente construir su identidad sin Dios, siempre terminará agotada, frustrada y vacía. Pero cuando la recibe en la presencia de Dios, encuentra descanso. Porque deja de esforzarse por ser, y comienza a vivir desde lo que ya es.

La Mujer del Ahora Vive desde la Redención

En Cristo, la mujer no vive bajo condenación, sino bajo restauración. La redención no solo limpia el pasado, sino que redefine completamente el presente.

"De modo que, si alguno está en Cristo, nueva criatura es; las cosas viejas pasaron; he aquí todas son hechas nuevas" (2 Corintios 5:17).

Esta verdad no es emocional, es espiritual. No depende de cómo se sienta una persona, sino de lo que Dios ha establecido.

La mujer del ahora no es definida por su historia, por sus errores, por sus heridas ni por su estado civil. Es definida por lo que Dios dice de ella. Su identidad no cambia con las circunstancias, porque está anclada en una verdad eterna. Ella entiende que su valor no depende de lo que tiene, de lo que logró o de lo que otros piensan. Su valor proviene de su origen: fue creada por Dios y para Dios.

Vivir desde la redención significa dejar de mirar hacia atrás buscando identidad en lo que fue, y comenzar a caminar hacia adelante desde lo que Dios ha declarado. Significa dejar de justificar heridas y comenzar a permitir que Dios las sane. Significa dejar de vivir desde la reacción y comenzar a vivir desde la revelación.

Características de la Mujer del Ahora

La mujer del ahora ha pasado por procesos, pero no vive definida por ellos. Ha sido formada, confrontada, sanada y afirmada en su identidad. Y esto se refleja en su manera de vivir. No es una teoría; es una manifestación visible.

La mujer del ahora conoce su identidad en Cristo y vive desde la presencia de Dios. No necesita competir, porque entiende que su valor no está en comparación con otros. No controla, porque ha aprendido a confiar en Dios. No reacciona desde la herida, sino que responde desde la madurez que el proceso ha producido en ella. Forma generaciones con intención, entendiendo que su vida no solo impacta su presente, sino también su futuro.

Su fuerza no es agresiva; es estable. Su autoridad no es ruidosa; es espiritual. No necesita imponerse para ser reconocida, porque sabe quién es. Y cuando una mujer sabe quién es, no necesita demostrarlo constantemente. Su seguridad no viene de afuera, viene de adentro, de una identidad afirmada por Dios.

"Engañosa es la gracia y vana la hermosura; la mujer que teme a Jehová, esa será alabada" (Proverbios 31:30).

El temor de Dios se convierte en el fundamento de su vida. No vive para agradar a los hombres, sino para honrar a Dios. Y cuando su vida está alineada a ese temor, todo lo demás encuentra su lugar.

Regresando al Origen

El diseño original de Dios nunca fue anulado. Fue afectado por la caída, pero restaurado por la redención. Esto significa que siempre hay un camino de regreso. No importa cuán lejos haya estado una persona, siempre existe la oportunidad de volver al diseño original de Dios.

Regresar al origen no es retroceder; es alinearse nuevamente con la intención divina. Es volver a la presencia de Dios, donde la identidad es sanada, donde el propósito es restaurado y donde la verdad reemplaza toda mentira. Es en ese lugar donde el alma encuentra descanso, donde la mente encuentra claridad y donde el corazón es afirmado.

En la presencia de Dios, la confusión se aclara, la herida se sana y la identidad se afirma. La mujer del ahora no vive desde la carencia; vive desde la plenitud. No se mueve desde el temor, sino desde la autoridad espiritual que le ha sido entregada.

Ella no busca ser algo. Camina como quien ya es. Y cuando una mujer camina desde esa identidad, su vida se convierte en una manifestación visible del diseño de Dios en la tierra.

Claves para recordar

- La identidad no se construye, se recibe de Dios
- No eres definida por tu pasado
- La mujer del ahora vive desde la redención
- Tu valor proviene de tu origen

Declaración Profética

Hoy declaro sobre tu vida que recuperas tu identidad original en Cristo.

Declaro que toda etiqueta que el pasado intentó colocarte pierde autoridad en este momento. Toda palabra que habló limitación sobre tu vida es anulada.

Declaro que no eres definida por heridas, errores ni circunstancias. Eres definida por el diseño eterno de Dios.

Declaro que tu valor es restaurado, tu voz es afirmada y tu propósito es reactivado.

Te levantas como mujer del ahora: segura en tu identidad, firme en tu llamado y estable en tu autoridad espiritual.

En el nombre de Jesús. Amén.

Oración

Padre celestial,

Hoy declaro sobre cada mujer que lee estas palabras que es llena de la visión del Padre para su vida. Declaro que se encuentra en Ti, y que en Tu presencia descubre su punto de partida para correr la carrera que le has asignado.

No es solo ayuda idónea ni madre; es una mujer encendida en Tu fuego, movida por Tu Espíritu, como las ruedas que vio el profeta Ezequiel, impulsadas por lo eterno (Ezequiel 1:16).

Declaro que entra en los planes del Reino como pieza clave. Desde hoy deja atrás la falta de identidad, rompe con la soledad y camina en propósito. Es una mujer llena del sueño de Dios para su vida, su familia y su comunidad.

En el nombre de Jesús. Amén.

— Pastora Linda Venzor

La Mujer Tras la Visión

"Y él mismo constituyó a unos, apóstoles; a otros, profetas; a otros, evangelistas; a otros, pastores y maestros."
(Efesios 4:11)

El propósito de Dios nunca ha estado limitado por género. El ministerio quíntuple fue entregado a la iglesia para que esta cumpliera su misión en la tierra, y dentro de ese diseño, Dios ha levantado tanto a hombres como a mujeres para establecer Su reino.

La mujer no solo fue creada para dar vida en el ámbito natural, sino también para dar vida en el ámbito espiritual. Cuando una mujer entiende la visión de Dios, deja de vivir para sí misma y comienza a vivir con una perspectiva eterna.

Ya no mide su vida por logros temporales, sino por impacto espiritual.

Mujeres que Hicieron Historia

A lo largo de las Escrituras encontramos mujeres que caminaron tras la visión divina y dejaron una huella que aún hoy permanece.

En Romanos 16, el apóstol Pablo menciona a varias mujeres que trabajaron junto a él en la expansión del evangelio: Febe, Priscila, Junia, María, Trifena, Trifosa,

Pérsida, Julia, Olimpas, la hermana de Nereo y la madre de Rufo.

Estas mujeres no eran espectadoras. Eran colaboradoras.

"Han luchado a mi lado en la obra del evangelio." *(Filipenses 4:3)*

Esto revela un principio importante: la visión del reino siempre ha sido construida en equipo. Dios no levanta individuos aislados, levanta cuerpos alineados.

El Llamado Apostólico

En la segunda carta de Juan, el apóstol se dirige a la "señora escogida". En el griego, *eklektē kuria*, que significa "la mujer elegida".

"El anciano a la señora escogida y a sus hijos, a quienes yo amo en la verdad…" *(Juan 1.1)*

"Mucho me regocijé porque he hallado a algunos de tus hijos andando en la verdad…" *(Juan 1.4)*

Aunque algunos interpretan esta expresión como simbólica, el lenguaje revela liderazgo, responsabilidad espiritual y autoridad. No se trata de una figura pasiva, sino de alguien que influye, dirige y guarda la verdad.

Dios sigue levantando mujeres que establecen, que pastorean, que forman hijos espirituales y que cuidan lo que Él les ha confiado.

La visión requiere estructura. Y la estructura requiere liderazgo.

El Llamado Profético

Débora gobernó como jueza y profetisa en Israel, guiando al pueblo en un tiempo de crisis.

"Gobernaba en aquel tiempo a Israel una mujer, Débora, profetisa…" (Jueces 4.4)

"…hasta que yo Débora me levanté, me levanté como madre en Israel." (Jueces 5.7)

Hulda habló palabra del Señor en un momento decisivo para la nación.

"Entonces el sacerdote Hilcías, y Ahicam, Acbor, Safán y Asaías fueron a la profetisa Hulda… y hablaron con ella. Y ella les dijo: Así ha dicho Jehová el Dios de Israel…" (2 Reyes 22.14-15)

Ana, en el templo, reconoció al Mesías y proclamó redención.

"Estaba también allí Ana, profetisa… y era de edad muy avanzada… y permanecía en el templo, sirviendo de noche y de día con ayunos y oraciones. Esta, presentándose en la misma hora, daba gracias a Dios, y hablaba del niño a todos los que esperaban la redención en Jerusalén." (Lucas 2.36-38)

Ninguna de ellas fue levantada por casualidad. Todas respondieron a un llamado.

Cuando una mujer vive en la presencia de Dios, su voz deja de ser común y se convierte en instrumento de dirección divina. No habla desde opinión, sino desde revelación.

El Llamado Evangelístico

La mujer samaritana tuvo un encuentro con Jesús que transformó su vida, y ese encuentro se convirtió en testimonio.

"Muchos de los samaritanos de aquella ciudad creyeron en él por la palabra de la mujer." (Juan 4:39)

Ella no tenía título ni reconocimiento, pero tenía una experiencia real con Dios. Y eso fue suficiente para impactar a toda una ciudad.

Cuando una mujer tiene un encuentro genuino con Cristo, no puede permanecer en silencio. Su vida se convierte en un mensaje que otros pueden ver y creer.

El Corazón Pastoral

En la parábola de la moneda perdida:

"¿O qué mujer que tiene diez dracmas, si pierde una dracma, no enciende la lámpara, y barre la casa, y busca con diligencia hasta encontrarla? Y cuando la encuentra, reúne a sus amigas y vecinas, diciendo: Gozaos conmigo, porque he encontrado la dracma que había perdido. Así os digo que hay gozo delante de los ángeles de Dios por un pecador que se arrepiente." (Lucas 15:8–10)

Jesús presenta la imagen de una mujer que busca con diligencia aquello que se ha extraviado.

Esta escena revela el corazón pastoral:

- Compasión por lo perdido
- Cuidado por lo que pertenece
- Perseverancia hasta encontrar

El corazón pastoral no se conforma con lo que está presente; se enfoca en lo que falta. No descansa hasta restaurar aquello que tiene valor en el reino.

Mujeres que Sostienen la Visión

Lidia, una mujer de negocios, fue clave en el establecimiento de la obra apostólica en Filipos. Su generosidad y disposición abrieron puertas para la expansión del evangelio.

De la misma manera, en el ministerio de Jesús, encontramos mujeres que sostenían la obra con sus recursos

> *"Aconteció después, que Jesús iba por todas las ciudades y aldeas, predicando y anunciando el evangelio del reino de Dios, y los doce con él, y algunas mujeres que habían sido sanadas de espíritus malos y de enfermedades: María, que se llamaba Magdalena, de la que habían salido siete demonios, Juana, mujer de Chuza intendente de Herodes, y Susana, y otras muchas que le servían de sus bienes." (Lucas 8:1–3).*

Esto nos muestra que la visión no solo se predica; también se sostiene.

La mujer tras la visión no solo participa; invierte. No solo escucha; construye.

Entiende que lo que Dios le ha dado no es solo para su beneficio, sino para el avance del reino.

La Mujer Tras la Visión

La mujer que camina tras la visión ha comprendido su lugar en el propósito de Dios.

- No vive distraída ni desorientada; vive alineada.
- Entiende su llamado
- Trabaja en equipo
- Vive con propósito eterno

- Sostiene la obra de Dios

- Forma generaciones espirituales

- No busca protagonismo, busca cumplimiento

- No necesita reconocimiento para avanzar, porque su motivación no es ser vista, sino ser obediente.

Su enfoque no es destacar, sino impactar.

Conclusión

Dios sigue levantando mujeres que caminan tras Su visión. Mujeres que establecen, profetizan, evangelizan, pastorean y edifican.

La historia no terminó con Débora. No terminó con Junia. No terminó con la mujer samaritana.

La historia continúa.

Y continúa contigo.

Claves para recordar

- Dios llama a la mujer a participar activamente en Su obra

- La visión se construye en equipo

- Tu vida tiene asignación espiritual

- No fuiste llamada a observar, sino a edificar

Declaración Profética

Hoy declaro sobre tu vida que no solo conocerás tu identidad, sino también tu asignación.

Declaro que Dios activa en ti una visión clara y un propósito eterno que no será detenido.

Declaro que tu voz será instrumento de dirección, tu fe será ejemplo y tu vida será plataforma para establecer el reino de Dios en la tierra.

Caminarás en unidad, trabajarás en equipo y formarás generaciones espirituales que reflejen la gloria de Dios.

No serás espectadora en esta época. Serás participante activa en la visión de Dios.

Te levantas como mujer tras la visión.

En el nombre de Jesús. Amén.

Oración

Señor,

Hoy levantamos nuestra voz reconociendo el llamado
que has puesto sobre la mujer intercesora. Declaro que
es una mujer que no retrocede, que no se rinde y que no
negocia su asignación espiritual. Gracias por aquellas que se
levantan en lo secreto, que cargan lo invisible y permanecen
firmes en medio de la batalla.

Declaro en el nombre de Jesús que la mujer intercesora es
fortalecida con poder en su interior. Su intercesión rompe
cadenas, abre puertas y derriba fortalezas. Donde otros ven
caos, ella ve altar; donde otros ven derrota, ella ve victoria.

Unge sus manos para la guerra y su corazón para la batalla.
Dale discernimiento para ver más allá de lo natural, valentía
para pararse en la brecha y autoridad para declarar vida
donde hay muerte.

Declaro que su clamor mueve el cielo. Cuando ora, el
infierno tiembla; cuando se levanta, los muros caen.

Gracias por las mujeres que sostienen generaciones desde
el lugar secreto. Tú escuchas, respondes y actúas a través de
ellas.

En el nombre de Jesús. Amén.

— Pastora Adelita Rodríguez

CAPÍTULO 6

La Mujer Intercesora

"Venga tu Reino, hágase tu voluntad en la tierra como en el cielo." (Mateo 6:10)

Desde el principio, Dios creó al ser humano para vivir en Su presencia. Ese era el ambiente original: comunión, autoridad y propósito. El hombre no fue diseñado para vivir separado de Dios, sino en constante conexión con Él.

Sin embargo, con la caída, el ser humano fue expulsado del Edén y perdió ese acceso directo. Lo que antes era natural se volvió distante. Pero cuando Jesús vino a la tierra, no solo vino a salvar almas; vino a restaurar el acceso al Padre.

A través de Él, el cielo volvió a estar disponible.

La oración se convierte entonces en el puente entre el cielo y la tierra. Es el medio por el cual lo invisible comienza a manifestarse en lo visible.

La Oración como Estilo de Vida

Los discípulos observaron la vida de Jesús. Vieron sus milagros, su autoridad y su impacto. Sin embargo, no le pidieron que les enseñara a predicar ni a hacer milagros.

Le dijeron:

"Señor, enséñanos a orar" (Lucas 11:1).

Ellos entendieron algo fundamental: el poder del ministerio de Jesús no nacía de lo que hacía públicamente, sino de su vida privada con el Padre.

Jesús oraba constantemente. Oraba de madrugada, durante el día y en la noche

"En aquellos días él fue al monte a orar, y pasó la noche orando a Dios." (Lucas 6:12).

La oración no era una actividad ocasional; era su estilo de vida.

La oración es diálogo. La intercesión es intervención.

Orar es hablar con Dios. Interceder es pararse delante de Dios en favor de otro.

El Poder de la Intercesión

"La oración del justo es poderosa y eficaz." (Santiago 5:16)

La intercesión no manipula a Dios; se alinea con Su voluntad. No se trata de convencer a Dios de hacer algo, sino de declarar en la tierra lo que Él ya determinó en el cielo.

Cuando una mujer intercede, se posiciona como instrumento de conexión entre dos dimensiones. Se convierte en una voz que establece el cielo en la tierra.

La intercesión tiene impacto real. A través de ella se desatan procesos de:

- Salvación

- Restauración
- Sanidad
- Libertad
- Dirección

Pero la intercesión no es instantánea. Requiere permanencia.

Cuando no ves resultados

Uno de los mayores retos en la vida de oración es permanecer cuando no se ven respuestas inmediatas. Muchas veces, la mujer ora… y nada parece cambiar.

Ahí es donde muchos se detienen.

Pero en el mundo espiritual, el silencio no significa ausencia de respuesta. Significa proceso.

Dios no responde solo por urgencia; responde por propósito.

La intercesión madura cuando deja de depender de lo que se ve y se sostiene en lo que Dios ha dicho.

Cuatro Claves para una Intercesión Efectiva

1. Perseverancia

"Oren en el Espíritu en todo momento… perseveren." *(Efesios 6:18)*

La perseverancia es permanecer aun cuando no hay evidencia visible. Es continuar creyendo cuando el resultado no ha llegado.

Muchas respuestas no vienen porque Dios no habló,

sino porque se dejó de orar antes de tiempo.

El testimonio de una madre que ora por su hijo durante años nos recuerda una verdad: el tiempo no cancela la palabra de Dios. La perseverancia la activa.

2. Amor

"Porque en Cristo Jesús ni la circuncisión vale algo, ni la incircuncisión, sino la fe que obra por el amor." (Gálatas 5.6)

El amor es la motivación de la intercesión.

Si no amamos, no cargamos. Si no cargamos, no intercedemos.

Jesús intercedió porque amó primero. Su amor lo llevó a identificarse con la humanidad y a entregarse completamente.

El amor verdadero nos mueve más allá de nosotros mismos. Nos lleva a presentar delante del Padre las necesidades de otros como si fueran propias.

3. Compasión

"Entonces Jesús, compadecido, les tocó los ojos, y en seguida recibieron la vista; y le siguieron." (Mateo 20.34)

La compasión no es lástima. Es una respuesta activa al dolor.

Jesús se movía por compasión. No solo veía la necesidad; actuaba sobre ella.

La compasión activa la fe. Cuando una mujer desarrolla compasión, su oración deja de ser superficial y se convierte en un clamor profundo.

La mujer intercesora no es indiferente. Percibe, siente y responde espiritualmente.

4. Santidad

"Sino, como aquel que os llamó es santo, sed también vosotros santos en toda vuestra manera de vivir; porque escrito está: Sed santos, porque yo soy santo. (1 Pedro 1:15–16)

Un intercesor efectivo vive en consagración.

Santidad no significa perfección, sino separación para Dios. Es una decisión continua de apartarse del pecado y vivir alineado con Su voluntad.

La santidad mantiene el corazón limpio y la conciencia sensible a la voz del Espíritu Santo. Sin sensibilidad espiritual, la oración se vuelve rutina; con sensibilidad, se vuelve dirección.

"El Espíritu mismo intercede por nosotros." (Romanos 8:26)

Esto revela que no estamos solos en la oración. El Espíritu Santo nos ayuda cuando no sabemos qué decir.

Orar con el Espíritu y con Entendimiento

"Oraré con el espíritu, pero también con el entendimiento." (1 Corintios 14:15)

Orar con entendimiento implica usar la Palabra de Dios como base. Declarar lo que Dios ya ha establecido.

Orar en el Espíritu implica rendirse a la guía del Espíritu Santo, permitiendo que Él interceda a través de nosotros conforme a la voluntad perfecta de Dios.

Ambas dimensiones son necesarias. La Palabra nos da fundamento; el Espíritu nos da dirección.

La Mujer que Manifiesta el Reino

La mujer intercesora entiende que su batalla no es

contra carne ni sangre. No pelea contra personas; pelea contra aquello que intenta desalinear el propósito de Dios.

No lucha contra su esposo, ni contra sus hijos, ni contra circunstancias naturales. Su enfoque es espiritual.

La guerra espiritual no comienza en el conflicto; comienza en la presencia.

Sin guerra no hay victoria, pero sin presencia no hay autoridad.

Conclusión

La mujer intercesora no vive pasiva; vive vigilante. No reacciona emocionalmente; responde espiritualmente. Su vida de oración no es ocasional, es constante.

Ella entiende que su voz tiene peso en el cielo y que su intercesión tiene impacto generacional.

Cuando una mujer se levanta a interceder, el cielo responde.

Claves para recordar

- La oración conecta el cielo con la tierra
- La intercesión requiere perseverancia
- El amor, la compasión y la santidad sostienen la oración
- Tu voz tiene peso en el Cielo

Declaración Profética

Hoy declaro sobre tu vida que tu voz en oración tendrá peso en el cielo.

Declaro que el Espíritu Santo activa en ti perseverancia, amor, compasión y santidad.

Declaro que no te cansarás de interceder por tu casa, por tus hijos y por tu generación.

Declaro que el cielo respalda tus oraciones porque están alineadas con la voluntad de Dios.

Te levantas como mujer intercesora, firme, constante y guiada por el Espíritu.

En el nombre de Jesús. Amén.

Oración

Padre celestial,

Hoy oro por cada mujer que tiene este libro en sus manos, declarando que ha recorrido un proceso y ahora está posicionada para cruzar al otro lado. Despiértala con hambre, con determinación y con un deseo profundo de avanzar en Tu propósito.

Declaro que oye Tu voz llamándola a mayores profundidades en Tu presencia. Ha llegado a la puerta de la multiplicación, del crecimiento y del cumplimiento. Esa puerta es la madurez.

Despierta en ella un anhelo por crecer internamente, por desarrollar el carácter de Cristo y por caminar en disciplina. Hoy deja atrás el conformismo, la procrastinación, el dolor, el pasado y toda ofensa, y decide caminar contigo.

Declaro que entra en un nuevo tiempo. Se viste de autodisciplina, orden y decisiones correctas. Recibe un espíritu enseñable, un corazón moldeable y camina en amor, gozo y dominio propio.

En el nombre de Jesús. Amén.

— Pastora Linda Venzor

CAPÍTULO 7

La Mujer en su Madurez

"De la costilla que le había quitado al hombre, Dios el SEÑOR hizo una mujer y se la presentó al hombre."
(Génesis 2:22)

Dios formó a la mujer con intención, honra y propósito. Ella no fue creada como un pensamiento de última hora, sino como parte del diseño eterno de Dios para reflejar Su imagen en la tierra. Desde el principio, su existencia estuvo ligada a un propósito mayor que lo natural. No fue diseñada únicamente para ocupar un espacio, sino para manifestar el carácter de Dios en la tierra a través de su vida, sus decisiones y su influencia.

"Entonces Jehová Dios formó al hombre del polvo de la tierra, y sopló en su nariz aliento de vida…" (Génesis 2:7)

Cuando Dios sopló aliento de vida sobre el hombre, no solo impartió existencia, sino identidad y asignación. Y cuando formó a la mujer del costado del hombre, reveló un principio eterno: la mujer fue diseñada para caminar en unidad, con propósito, dignidad y responsabilidad espiritual. No fue formada desde el suelo, sino desde un lugar de cercanía, lo cual habla de relación, conexión y propósito compartido.

"Esta sí es hueso de mis huesos y carne de mi carne."
(Génesis 2:23)

El diseño original no era solamente funcional; era profundamente relacional. Estaba basado en comunión con Dios, alineación con Su voluntad y dependencia constante de Su presencia. Todo fluía desde esa conexión.

Cuando el Diseño es Interrumpido

Con la caída, ese diseño fue afectado. No fue eliminado, pero sí distorsionado. Entraron confusión, dolor, desorden y luchas internas. La mujer, que fue creada para dar vida, comenzó a experimentar pérdida, frustración y heridas emocionales que afectaron su identidad y su manera de relacionarse.

A lo largo de la historia, muchas mujeres han vivido no desde diseño, sino desde supervivencia. Han aprendido a reaccionar en lugar de responder, a defenderse en lugar de confiar, a cargar en lugar de descansar.

Pero el plan de Dios nunca cambió.

Jesús vino no solo a perdonar el pecado, sino a restaurar el diseño original. Él no vino a crear una nueva identidad, sino a devolver al ser humano a su estado correcto delante de Dios. La redención no es una mejora; es una restauración completa.

El Modelo de Jesús: Crecer y Madurar

Jesús mismo caminó un proceso.

"Y Jesús crecía en sabiduría y en estatura, y en gracia para con Dios y los hombres." (Lucas 2:52)

Esto revela un principio espiritual: la madurez no ocurre automáticamente. Se desarrolla. Es el resultado de caminar con Dios a través del tiempo, de responder a Su voz y de permitir que Él forme el carácter en cada etapa de la vida.

De la misma manera, Dios lleva a la mujer por procesos progresivos que la forman integralmente. No son títulos ni posiciones visibles, sino transformaciones internas que producen estabilidad, identidad y autoridad espiritual. Cada etapa no es un destino final, sino una preparación para lo siguiente.

Etapas de Madurez

Dios trabaja en la vida de la mujer a través de procesos que la llevan a una madurez completa. Estas etapas no son rígidas ni iguales para todas, pero revelan principios espirituales que toda mujer está llamada a desarrollar:

1. Ser hija

2. Ser mujer

3. Ser esposa

4. Ser madre

Cada etapa construye sobre la anterior. No se puede sostener autoridad sin identidad, ni formar generaciones sin haber sido formada primero.

1. El Ser Hija

La primera etapa es identidad: ser hija de Dios. Antes de ejercer autoridad, antes de construir o liderar, la mujer debe ser establecida como hija. Porque una hija sabe a quién pertenece, y desde esa seguridad puede crecer sin ser dominada por la herida o la inseguridad.

"Mas a todos los que le recibieron… les dio potestad de

ser hechos hijos de Dios." (Juan 1:12)

En esta etapa, la mujer aprende a depender de Dios como Padre. Aprende a escuchar Su voz, a recibir corrección con amor y a sanar su interior en Su presencia. Es aquí donde se rompen las mentiras del abandono, del rechazo y de la autosuficiencia.

El enemigo siempre intentará introducir una voz de independencia: "hazlo sola", "nadie te entiende", "nadie te cuida". Pero una hija madura responde con convicción: Dios es mi Padre, y en Él encuentro todo lo que necesito.

Sin identidad, no hay estabilidad. Pero cuando la identidad es afirmada, la vida comienza a alinearse.

2. El Ser Mujer

La segunda etapa es responsabilidad y autoridad. La mujer madura comprende que fue creada para edificar, administrar y ejercer dominio conforme al diseño de Dios. No lo hace desde competencia, sino desde función.

"Y los bendijo Dios, y les dijo… señoread…" (Génesis 1:28)

La autoridad no es control; es alineación. Una mujer que entiende su diseño no necesita imponerse, porque su autoridad proviene de su obediencia. Aprende a caminar firme sin perder su sensibilidad, y a ejercer dominio sin desconectarse del corazón de Dios.

En esta etapa, la mujer deja de reaccionar emocionalmente y comienza a responder espiritualmente. Entiende que su influencia no depende de su fuerza externa, sino de su alineación interna.

La clave de la autoridad es la obediencia constante.

3. El Ser Esposa

La tercera etapa es pacto. Aquí la mujer aprende a caminar en unidad, a construir junto a su esposo y a reflejar el diseño de Cristo y la iglesia. No es una relación basada en control o dominio, sino en propósito, honra y crecimiento mutuo.

> *"Por esto dejará el hombre a su padre y a su madre, y se unirá a su mujer…" (Efesios 5:31)*

El matrimonio, bajo el diseño de Dios, no solo une dos personas; forma carácter, purifica intenciones y revela áreas que necesitan ser transformadas. Es un espacio donde se practica la gracia, el perdón y la madurez.

Sin embargo, es importante establecer claridad:

- La honra no es permitir abuso.

- La sumisión no es tolerar violencia.

- El diseño de Dios protege, no destruye.

El modelo de Cristo hacia la iglesia es amor sacrificial, cuidado y entrega. Ese es el estándar.

4. El Ser Madre

La cuarta etapa es reproducción de legado. La maternidad no es únicamente biológica; es espiritual. Implica formar, cuidar, nutrir y establecer propósito en otros.

> *"…pero todo procede de Dios." (1 Corintios 11:12)*

> *"Lo que has oído de mí… esto encarga a hombres fieles que sean idóneos para enseñar también a otros." (2 Timoteo 2:2)*

La mujer madura entiende que su vida no termina en

ella. Su llamado es multiplicarse, formar generaciones y dejar un legado que trascienda su tiempo. Ya no vive enfocada solo en lo que recibe, sino en lo que puede impartir.

Su casa, sus hijos, sus discípulos—todo se convierte en terreno donde el propósito de Dios es sembrado.

El gozo de una mujer madura no está solo en lo que logra, sino en lo que logra levantar en otros.

Conclusión

Dios está llamando a la mujer a madurar. A regresar a su identidad, a caminar en autoridad espiritual y a levantar generaciones con propósito eterno.

La madurez no es un evento. Es un proceso continuo.

No se trata de avanzar rápido, sino de crecer correctamente. Así como Jesús creció y fue formado en cada etapa, la mujer también es llevada por Dios a través de procesos que la establecen firmemente en Su diseño.

Y cuando una mujer madura, no solo cambia su vida… transforma generaciones.

Claves para recordar

- La madurez es un proceso, no un evento
- La identidad sostiene la autoridad
- Dios forma a la mujer por etapas
- Tu vida está diseñada para multiplicarse

Declaración Profética

Hoy declaro sobre tu vida que entras en una nueva estación de madurez espiritual.

Declaro que tu identidad como hija es afirmada y establecida en el Padre. Toda voz que quiso confundirte pierde autoridad sobre tu mente y tu corazón.

Declaro que Dios activa en ti autoridad espiritual con mansedumbre, firmeza con ternura y sabiduría para edificar.

Declaro que tu casa será alineada al diseño del cielo y que tus generaciones serán guardadas, formadas y levantadas en propósito.

Declaro que no vivirás reaccionando desde heridas, sino respondiendo desde identidad.

Y lo que el enemigo quiso usar para quebrarte, Dios lo usará para formarte.

En el nombre de Jesús. Amén.

Oración

Padre amado,

Hoy levanto mi voz delante de Ti por cada mujer que ha sido marcada por la ausencia, por el rechazo o por la falta de identidad. Declaro que toda herida invisible comienza a ser expuesta a la luz de Tu presencia y que todo vacío es llenado por el amor perfecto del Padre.

Declaro en el nombre de Jesús que toda mentira que formó una identidad incorrecta cae ahora. Toda voz que dijo "no eres suficiente", "no perteneces" o "no eres amada", pierde autoridad. Hoy se establece la verdad: ella es Tu hija.

Padre, revélate como Padre. No como una idea, sino como una realidad viva en su corazón. Sana la imagen distorsionada que formó a través de experiencias pasadas, y reemplázala con la verdad de quién Tú eres: cercano, fiel, presente y restaurador.

Declaro que recibe el espíritu de adopción. Que ya no vive desde abandono, sino desde pertenencia. Que ya no busca aprobación, porque ha sido aceptada. Que ya no camina en inseguridad, sino en identidad.

Hoy vuelve al origen. Hoy se alinea con Tu voz. Hoy su identidad es restaurada desde la raíz.

Declaro que se levanta como hija firme, segura, amada y posicionada en Ti.

En el nombre de Jesús. Amén.

— Profeta Naomi Espinoza

CAPÍTULO 8

Volviendo al Padre: Hijas Restauradas

"Padre de huérfanos y defensor de viudas es Dios en su santa morada."
(Salmos 68:5)

Hay una necesidad profunda en el corazón de la mujer que no siempre se puede explicar con palabras. Es una búsqueda constante, a veces silenciosa, otras veces evidente, pero siempre presente. Es la necesidad de pertenecer, de ser afirmada, de ser vista, de ser amada correctamente. No es una debilidad; es un diseño. La mujer fue creada para responder al amor, para florecer en un ambiente de identidad, cobertura y dirección.

Sin embargo, cuando esa necesidad no es suplida correctamente, la mujer comienza a buscar en lugares equivocados lo que solo puede ser encontrado en Dios. Y es ahí donde muchas veces inicia una vida marcada por la carencia emocional, la inseguridad y la confusión interna.

La Herida Invisible

Muchas mujeres han crecido con vacíos que no siempre son visibles. Algunas experimentaron la ausencia física de un padre. Otras, aunque tuvieron una figura paterna presente, nunca recibieron afirmación, dirección o cobertura emocional. Y aunque las circunstancias pueden ser distintas, el resultado muchas veces es el mismo: una identidad fragmentada.

La falta de paternidad no solo deja un vacío afectivo; crea una necesidad constante de validación. La mujer comienza a buscar aprobación en relaciones, en logros, en reconocimiento externo, intentando llenar un espacio que no fue diseñado para ser llenado por personas.

"Padre de huérfanos y defensor de viudas es Dios en su santa morada" (Salmos 68:5)

Dios no ignora esta realidad. Él no es indiferente al dolor de la ausencia. Él se revela precisamente como Padre para aquellos que han experimentado carencia.

Muchas de estas heridas no tienen un momento específico donde comenzaron; se desarrollaron en silencio, en etapas donde la mujer aún no tenía las herramientas para procesar lo que estaba viviendo. Son heridas que no siempre se recuerdan con claridad, pero que se manifiestan en decisiones, en reacciones y en la manera en que se percibe a sí misma.

Una palabra no dicha, una afirmación que nunca llegó, una ausencia constante, un rechazo repetido… todo eso va formando una narrativa interna. Y con el tiempo, esa narrativa comienza a convertirse en una verdad para el corazón, aunque no sea la verdad de Dios.

Lo más delicado de estas heridas es que no siempre se identifican fácilmente. Muchas mujeres han aprendido a funcionar, a avanzar y a sostener responsabilidades, pero lo hacen desde un lugar herido. Y cuando la vida se construye sobre una herida no sanada, eventualmente esa herida comienza a hablar más fuerte que la verdad.

Por eso, la sanidad no es opcional; es necesaria. Porque lo que no es sanado, se transmite. Y lo que no es confrontado, se repite.

Buscando Identidad en Lugares Incorrectos

Cuando una mujer no ha sido afirmada correctamente, comienza a construir su identidad basada en lo que ha vivido. Si fue rechazada, se ve a sí misma como insuficiente. Si fue abandonada, se percibe como no digna de permanecer. Si fue herida, aprende a protegerse en lugar de abrirse.

Y así, sin darse cuenta, comienza a vivir desde la herida y no desde el diseño.

Muchas veces esto se refleja en relaciones inestables, dependencia emocional, temor al abandono o incluso una necesidad constante de demostrar valor. No porque la mujer no tenga valor, sino porque no lo ha reconocido en la fuente correcta.

La identidad no se construye desde la experiencia; se recibe desde el Padre.

El Espíritu de Adopción

Dios no solo restaura; Él redefine.

"Pues no habéis recibido el espíritu de esclavitud para estar otra vez en temor, sino que habéis recibido el Espíritu de adopción, por el cual clamamos: ¡Abba, Padre!" (Romanos 8:15)

Esto significa que la mujer no está destinada a vivir desde el abandono, sino desde la adopción. No desde el temor, sino desde la pertenencia.

Ser hija no es una emoción; es una posición. Es

entender que tu identidad no depende de lo que recibiste en la tierra, sino de lo que Dios estableció en el cielo.

La adopción espiritual no solo cambia tu relación con Dios; cambia la manera en que te ves, la manera en que decides y la manera en que caminas.

El espíritu de adopción no es solamente una doctrina, es una experiencia que transforma la vida completa de una mujer. Es el momento donde deja de verse como alguien que está tratando de encajar y comienza a entender que ya pertenece. Ya no vive desde la inseguridad, sino desde la certeza de que ha sido recibida.

Cuando una mujer recibe esta revelación, algo interno se rompe: la necesidad de aprobación externa comienza a perder fuerza. Ya no necesita validarse a través de relaciones, logros o reconocimiento, porque ha sido afirmada por el Padre.

La adopción también redefine la manera en que se enfrenta la vida. Una hija no vive con mentalidad de escasez, vive con mentalidad de herencia. No vive tratando de sobrevivir, vive entendiendo que hay un respaldo, una cobertura y una provisión que viene de su relación con Dios.

Y es en ese lugar donde comienza la verdadera libertad. Porque la mujer que entiende que es hija, deja de luchar por identidad y comienza a caminar en ella.

Sanando la Identidad

La sanidad no ocurre cuando se ignora la herida, sino cuando se presenta delante de Dios. Muchas mujeres han intentado seguir adelante sin procesar lo que vivieron, pero lo no sanado siempre se manifiesta en alguna área de la vida.

Dios no solo quiere que avances; quiere que seas restaurada.

"Y a todos los que le recibieron… les dio potestad de ser hechos hijos de Dios" (Juan 1:12)

Esto significa que la identidad puede ser restaurada completamente. No parcialmente. No superficialmente. Completamente.

Cuando una mujer entiende que es hija, deja de mendigar lo que ya le pertenece. Deja de buscar afuera lo que ya fue establecido dentro de ella por Dios.

Volviendo al Padre

El proceso de restauración comienza con una decisión: regresar.

No regresar al pasado, sino regresar al origen. Regresar a la voz que define, al amor que sana, a la presencia que restaura.

"Convertíos a mí, y yo me convertiré a vosotros…" (Malaquías 3:7)

Dios no está lejos. No está esperando perfección; está esperando rendición.

Volver al Padre no es un acto religioso; es un acto de identidad.

Es reconocer:

"No tengo que seguir viviendo desde la herida. Puedo vivir desde la verdad."

Volver al Padre no siempre es un proceso emocional; muchas veces es una decisión espiritual. Es decidir acercarse aun cuando las emociones no acompañan, aun cuando hay preguntas sin responder, aun cuando el pasado todavía pesa.

Es un acto de fe. Es decir: "Aunque no entiendo todo lo que viví, decido confiar en quien Tú eres."

Muchas mujeres esperan "sentirse listas" para volver, pero la restauración no comienza cuando te sientes lista; comienza cuando decides rendirte. Y en esa rendición, Dios comienza a hacer lo que ninguna persona pudo hacer: sanar desde la raíz.

Volver al Padre también implica soltar versiones incorrectas de Él. Muchas veces, la percepción de Dios ha sido influenciada por experiencias humanas. Pero Dios no es la representación de lo que faltó; Él es la restauración de lo que nunca estuvo.

Cuando una mujer regresa al Padre, no solo encuentra consuelo; encuentra identidad, dirección y propósito.

Hijas Restauradas

Una mujer restaurada no es aquella que nunca fue herida, sino aquella que permitió que Dios sanara lo que fue quebrado.

Es una mujer que ya no vive buscando aprobación, porque sabe que ya fue aceptada. Que ya no vive con temor al abandono, porque entiende que nunca ha estado sola. Que ya no se define por su pasado, porque ha abrazado su identidad en Cristo.

"De modo que si alguno está en Cristo, nueva criatura es…" (2 Corintios 5:17)

Ser hija cambia todo.

• Cambia la manera en que te ves.

- Cambia la manera en que hablas.
- Cambia la manera en que caminas.

Una hija restaurada no vive reaccionando al pasado, vive respondiendo a la verdad. Su historia ya no es el punto de partida de sus decisiones; su identidad en Dios lo es.

Esto no significa que nunca vuelva a sentir dolor, sino que el dolor ya no tiene autoridad sobre su vida. Ya no define su valor, ni limita su propósito. Ha aprendido a vivir desde una posición distinta.

Una mujer restaurada también cambia la atmósfera donde se encuentra. Porque lo que fue sanado en ella comienza a impactar a otros. Su manera de amar es diferente, su manera de hablar es diferente, su manera de relacionarse es diferente.

Ya no busca llenar vacíos en otros, porque ha sido llena. Ya no vive desde la necesidad, vive desde la plenitud.

Y es ahí donde la restauración se convierte en legado. Porque una mujer sana no solo vive diferente—levanta generaciones diferentes.

Conclusión

La falta de paternidad puede marcar, pero no tiene la última palabra.

- Dios sigue llamando hijas
- Sigue restaurando identidades.
- Sigue sanando corazones.

No importa lo que faltó en la tierra. En Dios, nada falta.

Claves para Recordar

- La identidad no se construye, se recibe
- La ausencia de paternidad puede afectar, pero no define
- Dios se revela como Padre para restaurar identidad
- Ser hija es una posición, no una emoción

Declaración Profética

Hoy declaro que toda herida de abandono es sanada.

Declaro que tu identidad es restaurada y que te levantas como hija, firme, segura y posicionada en Dios.

Declaro que ya no buscas aprobación, porque has sido aceptada. Ya no caminas en temor, porque tienes un Padre.

Hoy vuelves al origen. Hoy eres restaurada.

En el nombre de Jesús. Amén.

Oración

Padre eterno,

Hoy declaro sobre cada mujer que lee estas palabras que recibe revelación de lo que le pertenece en Ti. Declaro que sus ojos espirituales se abren para ver que no ha sido llamada a vivir en escasez, sino en herencia.

Declaro que toda mentalidad de limitación se rompe ahora. Toda idea que la hizo conformarse con menos, toda voz que la detuvo y toda inseguridad que la hizo dudar, pierde poder en el nombre de Jesús.

Así como Aksa pidió las fuentes, declaro que ella recibe sabiduría para pedir lo que necesita para establecer. Así como las hijas de Zelofehad se levantaron, declaro que ella se levanta con valentía para reclamar lo que le corresponde. Así como las hijas de Job fueron reconocidas, declaro que ella es afirmada y posicionada en su lugar.

Padre, activa en ella una mentalidad de herencia. Que ya no piense desde carencia, sino desde abundancia espiritual. Que no viva esperando permiso, sino caminando en identidad.

Declaro que se levanta como mujer que establece, que edifica y que multiplica lo que Tú has depositado en su vida.

Hoy reclama lo que ya le fue dado en el cielo.

En el nombre de Jesús. Amén.

— Profeta Naomi Espinoza

CAPÍTULO 9

La Mujer que Reclama su Herencia

"Bien dicen las hijas de Zelofehad; ciertamente les darás posesión de herencia…"
(Números 27:7)

Hay un momento en la vida de toda mujer en el que deja de sobrevivir y comienza a posicionarse. Es el punto donde ya no solo entiende quién es, sino que comienza a caminar en lo que le pertenece. No es un cambio externo; es una transformación interna que redefine su manera de hablar, de decidir y de actuar.

Muchas mujeres han vivido esperando que alguien más les otorgue permiso para avanzar. Han aprendido a limitarse, a conformarse o a callar, no porque no tengan valor, sino porque no han reconocido lo que ya les fue dado por Dios. Pero llega un momento donde esa pasividad se rompe, y la mujer entiende que no fue llamada solo a recibir, sino también a establecer.

La herencia no es algo que se mendiga; es algo que se reconoce.

El Derecho de Pedir: La Valentía de Aksa

La Escritura nos presenta a una mujer que entendió esto con claridad. Su nombre era Aksa, hija de Caleb. Ella había recibido una porción de tierra como herencia, pero entendió que lo que tenía, aunque valioso, no era suficiente para sostener lo que Dios quería hacer a través de su vida.

> *"Y aconteció que cuando ella vino a él, le persuadió que pidiese a su padre un campo; y ella se bajó del asno; y Caleb le dijo: ¿Qué tienes? Ella entonces le respondió: Concédeme un don; puesto que me has dado tierra del Negev, dame también fuentes de aguas. Y él le dio las fuentes de arriba y las de abajo." (Josué 15:18–19)*

Aksa no fue pasiva. No se conformó con lo que recibió inicialmente. Ella entendió que la tierra sin agua no podía producir. Y tuvo la valentía de pedir lo que era necesario para que su herencia pudiera dar fruto.

Pero hay algo más profundo en esta historia. Aksa no solo estaba pensando en sí misma; estaba pensando en lo que vendría después. Estaba viendo más allá del presente. Porque una mujer con visión no solo recibe—construye.

Las fuentes de arriba y las de abajo no eran un detalle adicional; eran la clave para la productividad. Representaban provisión constante, sustento en toda temporada y la capacidad de edificar algo que no dependiera de circunstancias externas.

Y es aquí donde vemos algo poderoso: Aksa, junto a su esposo, recibió la capacidad de establecer, de edificar y de sostener. No solo heredaron tierra—heredaron recursos para hacerla fructificar. Esto habla de una mujer que no solo quiere poseer, sino multiplicar.

El nombre Aksa, en su raíz hebrea, está relacionado con la idea de "adorno" o "ornamento". Esto revela algo profético: ella no solo recibió una herencia, la embelleció. No se conformó con ocupar un espacio; decidió darle valor, forma y propósito.

Esto es clave. Porque hay mujeres que reciben, pero no transforman. Y hay otras, como Aksa, que toman lo que Dios les da y lo convierten en algo que refleja Su gloria.

Ella no pidió por ambición; pidió por visión. No pidió más por deseo personal; pidió lo necesario para establecer algo que perdurara.

Rompiendo Límites: Las Hijas de Zelofehad

Otra historia que revela esta verdad es la de las hijas de Zelofehad. En una cultura donde la herencia era dada únicamente a los hombres, estas mujeres decidieron levantarse y hablar.

> *"Entonces vinieron las hijas de Zelofehad… y dijeron: Nuestro padre murió en el desierto… ¿Por qué será quitado el nombre de nuestro padre de entre su familia por no haber tenido hijo? Danos heredad…" (Números 27:1–4)*

Ellas no aceptaron un sistema que las dejaba fuera. No se rebelaron con desorden, pero tampoco se sometieron a una limitación que no estaba alineada con el corazón de Dios.

Y aquí encontramos un detalle poderoso: sus nombres.

- **Mahlah** – asociada con debilidad o enfermedad
- **Noa** – movimiento o descanso
- **Hogla** – danza o celebración
- **Milca** – reina o autoridad
- **Tirsa** – deleite o agrado

Estos nombres no son casualidad. Representan

procesos, estados y transformaciones. Y aun si algunas de ellas representaban debilidad o lucha, ninguna permitió que eso definiera su destino.

Se presentaron juntas. Hablaron con claridad. Y no solo captaron la atención de Moisés—captaron la atención de Dios.

"Y Jehová respondió a Moisés, diciendo: Bien dicen las hijas de Zelofehad…" (Números 27:6–7)

Esto es profundo.

Dios no solo escuchó—Dios validó.

Una mujer que entiende su identidad tiene una voz que el cielo reconoce.

Y su acción no solo cambió su historia. Cambió la ley. Abrió camino para futuras generaciones.

Lo que ellas hicieron no fue solo reclamar herencia; fue establecer justicia.

Una Herencia Reconocida: Las Hijas de Job

La historia de Job también nos muestra un principio restaurador.

"Y no había mujeres tan hermosas como las hijas de Job en toda la tierra; y les dio su padre herencia entre sus hermanos." (Job 42:15)

La Escritura menciona su belleza, pero no se detiene ahí. Porque en el diseño de Dios, la belleza nunca es el fin—es solo una expresión.

Una mujer en identidad no es solo aquella que es vista, sino aquella que es reconocida.

Job no solo vio a sus hijas como hermosas; las vio

como dignas de herencia. Las posicionó, las incluyó y las afirmó.

Esto rompe con la mentalidad de exclusión y establece un principio eterno: La mujer no es menor, ni secundaria—es participante del propósito.

Una mujer en identidad no compite con el hombre; camina junto a él. No busca reemplazarlo; complementa el diseño.

Y aquí vemos el corazón de un padre. Un padre que no limita, sino que afirma. Un padre que no excluye, sino que incluye.

Esto refleja el corazón de Dios.

Mentalidad de Herencia

Una de las razones por las cuales muchas mujeres no caminan en lo que Dios les ha dado es porque no han desarrollado una mentalidad de herencia.

La mentalidad de herencia no se trata de recibir cosas, sino de entender posición.

Una mujer que no sabe que tiene herencia, vive como si no tuviera derecho.

- Se conforma con menos.
- Se adapta a lo que encuentra.
- Tolera lo que no debería tolerar.

Pero una mujer que entiende que es hija, comienza a pensar diferente.

- Ya no pregunta si puede—pregunta cómo establecer.
- Ya no duda si merece—camina en lo que le pertenece.

- Ya no vive limitada por el pasado—se posiciona desde la promesa.

La mentalidad de herencia cambia la manera en que una mujer se ve a sí misma. Y cuando cambia la manera en que se ve, cambia la manera en que vive.

Reclamando lo que Dios ya Dio

Reclamar herencia no es un acto de orgullo; es un acto de alineación.

Es entender que hay cosas que Dios ya estableció, pero que requieren fe para ser activadas.

"Bendito sea el Dios y Padre… que nos bendijo con toda bendición espiritual…" (Efesios 1:3)

Esto significa que muchas de las respuestas que la mujer está buscando ya fueron dadas, pero no han sido reconocidas.

Y aquí está la clave:

No todo lo que Dios da se manifiesta automáticamente. Algunas cosas se caminan. Otras se creen. Y otras se reclaman.

Reclamar no es exigirle a Dios; es estar de acuerdo con Él.

Es decir: "Yo no vivo por lo que veo, vivo por lo que Tú dijiste."

Y cuando una mujer entra en ese nivel de fe, deja de vivir esperando y comienza a establecer.

Conclusión

La mujer que reclama su herencia no es arrogante;

es consciente.

No vive esperando permiso; vive desde identidad. No se conforma con menos; camina en lo que le corresponde.

Porque cuando una mujer entiende lo que le pertenece, deja de sobrevivir y comienza a establecer.

Claves para Recordar

- La herencia no se mendiga, se reconoce
- Dios valida la voz de una mujer alineada
- La identidad activa la autoridad
- Lo que no se reclama, no se manifiesta

Declaración Profética

Hoy declaro que te levantas con una nueva revelación de lo que te pertenece.

Declaro que toda mentalidad de limitación cae, y que comienzas a caminar en la plenitud de lo que Dios ha establecido para tu vida.

Declaro que tienes la valentía de pedir, la autoridad de hablar y la fe para establecer.

Hoy reclamas tu herencia.

En el nombre de Jesús. Amén.

Oración

Padre, en el nombre de Jesús,

Hoy declaramos que toda mujer que lee este libro encuentra acceso y favor delante de Ti para ser portadora de Tu gloria y de Tu Reino. Declaramos que todo lo que ha dado a luz comienza a alinearse a Tu perfecta voluntad.

Decretamos que estos son los tiempos donde se levantan madres: madres de movimientos, madres de generaciones y madres de propósito. Así como está escrito: "Yo, Débora, me levanté como madre en Israel" (Jueces 5:7).

Declaramos que cada mujer encuentra su lugar, su territorio y su asignación. Recibe favor para levantarse como madre, para proteger, nutrir y establecer lo que Tú has depositado en ella.

Hoy se levanta con autoridad, caminando en su llamado, guiando generaciones y manifestando Tu propósito en la tierra.

Y declaramos que, a través de ella, este mundo verá Tu gloria postrera.

En el nombre de Jesús. Amén.

— Pastor Jorge Valenciano

CAPÍTULO 10

María: Portal del Cielo en la Tierra

Desde el principio, Dios ha buscado acceso a la tierra. El diseño original del ser humano incluía comunión directa con el cielo, una relación abierta donde lo eterno y lo terrenal coexistían sin barreras. Sin embargo, después de la caída, ese acceso fue interrumpido. El hombre fue separado de la presencia, pero el propósito de Dios no fue cancelado; simplemente quedó en espera de restauración.

El cielo aún deseaba manifestarse en la tierra. Aun así, existía un principio espiritual inquebrantable: lo celestial no invade lo terrenal sin un acuerdo. Dios no irrumpe, Dios responde a disponibilidad. Él no fuerza Su voluntad sobre el hombre; Él busca una puerta, una entrega, una vida que diga sí.

Este principio no es solo teológico, es práctico y eterno. Dios siempre ha trabajado a través de personas dispuestas. No porque dependa del hombre, sino porque decidió incluirlo en Su diseño. El cielo se manifiesta donde encuentra acuerdo. Y ese acuerdo no siempre se ve en perfección, sino en disposición.

Cuando el Cielo Busca Acceso

En el Edén hubo una mujer: Eva. Fue creada con propósito, con identidad y con un diseño perfecto. Tenía acceso, tenía posición, tenía comunión. Sin embargo, no se convirtió en un portal. Aunque portaba diseño, no sostuvo alineación. Y donde no hay obediencia, no hay acceso.

El cielo no solo necesita un vientre disponible; necesita una voluntad rendida. Eva tenía el diseño, pero no sostuvo la obediencia necesaria para convertirse en ese punto de encuentro entre el cielo y la tierra. Su historia revela que el propósito no se cumple únicamente por capacidad, sino por alineación con la voz de Dios.

Esto nos enseña algo profundo: no es suficiente ser llamada, es necesario permanecer alineada. No es suficiente tener acceso, es necesario sostenerlo. Porque el cielo no descansa sobre el potencial, sino sobre la obediencia.

La Negociación del Cielo

Siglos después, el cielo vuelve a buscar acceso… y encuentra a una mujer.

"Al sexto mes el ángel Gabriel fue enviado por Dios… a una virgen desposada… y el nombre de la virgen era María." (Lucas 1:26–27)

El cielo no impuso. El cielo anunció. La respuesta no fue obligada; fue esperada.

"Y ahora, concebirás en tu vientre, y darás a luz un hijo… y su reino no tendrá fin." (Lucas 1:31–33)

No fue una orden forzada, sino una invitación divina. Una asignación eterna estaba siendo presentada a una mujer en la tierra. El cielo estaba literalmente negociando acceso, buscando una respuesta que permitiera que lo invisible se hiciera visible.

Esto revela el carácter de Dios: Él no busca controlar, busca colaborar. Él no busca imponer, busca acuerdo. El cielo estaba esperando una respuesta que abriera la puerta a la manifestación.

Pero aún faltaba lo más importante: la decisión de María.

El "Sí" que Abrió el Cielo

Entonces María respondió:

"He aquí la sierva del Señor; hágase conmigo conforme a tu palabra." (Lucas 1:38)

Ese "sí" no fue una simple respuesta. Fue una rendición total. En ese momento, María no solo aceptó un proceso natural, sino que se convirtió en un punto de encuentro entre dos dimensiones. El cielo encontró en María lo que no encontró en Eva: una voluntad completamente rendida.

Y donde hay rendición, hay acceso.

- Ese "sí" no solo impactó su vida; impactó la historia.

- Fue un "sí" que cargaba eternidad.

- Fue un "sí" que abrió camino para que el cielo descendiera a la tierra.

Hoy, ese mismo principio sigue vigente. Dios continúa buscando mujeres que digan "sí", no desde la emoción, sino desde la convicción. Un "sí" que no depende de entenderlo todo, sino de confiar en Aquel que lo habló.

Portadora del Reino

María llevó en su vientre más que un hijo; llevó el Reino. Su vientre se convirtió en el lugar donde lo eterno tomó forma humana, donde la promesa se hizo carne.

> *"Y aquel Verbo fue hecho carne, y habitó entre nosotros… y vimos su gloria." (Juan 1:14)*

El cielo no elevó al hombre para alcanzarlo. El cielo descendió a través de una mujer. Era imposible que la humanidad ascendiera por sí misma, por eso Dios diseñó un acceso: el cielo entrando a la tierra por medio de un vientre rendido.

María se convirtió en ese acceso, en un portal vivo donde lo invisible se hizo visible y lo eterno se manifestó en lo temporal.

Y esto no es solo historia—es patrón. Porque así como Dios encontró en María una mujer disponible, sigue buscando hoy mujeres que se conviertan en portales donde Su voluntad pueda manifestarse en la tierra.

Madre de un Movimiento

María no solo fue madre de Jesús; fue madre de un movimiento. Ella cargó, protegió y dio a luz lo que transformaría generaciones enteras. Su maternidad no fue únicamente biológica, fue profundamente profética.

Ella sostuvo en su interior el cumplimiento de una promesa eterna. Por eso es llamada madre, no solo por dar a luz, sino por dar inicio. Porque toda madre, en el diseño de Dios, no solo trae vida, sino que introduce propósito en la tierra.

Y esto revela algo poderoso: lo que una mujer carga tiene impacto generacional. Lo que sostiene en el proceso se convierte en legado en el tiempo.

El Nivel Más Alto de la Maternidad

Sin embargo, hay una dimensión aún más profunda en el diseño de la mujer que debe ser entendida: el nivel más alto de la maternidad no es solo dar a luz en lo natural, sino dar a luz en el Espíritu.

Dar a luz en lo natural produce vida en la tierra, pero dar a luz en el Espíritu produce vida en la eternidad.

Hay mujeres que han dado a luz hijos en lo físico, pero nunca han dado a luz propósito en lo espiritual. Y hay otras que, aun sin haber dado a luz en lo natural, han producido generaciones enteras en el Espíritu, levantando hijos e hijas que caminan en el diseño de Dios.

Esto revela una verdad poderosa: la maternidad no se limita a lo biológico; es una función espiritual.

Dar a luz en el Espíritu es cargar lo que Dios deposita hasta que toma forma en la vida de otros. Es interceder hasta ver transformación. Es sostener procesos que no siempre se ven, pero que están formando destino.

Es levantar hijos espirituales, formar generaciones, establecer propósito en otros y convertirse en un canal a través del cual el cielo continúa multiplicándose en la tierra.

El apóstol Pablo expresó esta dimensión cuando dijo:

"Hijitos míos, por quienes vuelvo a sufrir dolores de parto,

hasta que Cristo sea formado en vosotros." (Gálatas 4:19)

Esto no era lenguaje simbólico sin peso—era una realidad espiritual. Él entendía que dar a luz en el Espíritu implica proceso, implica dolor, implica entrega… pero produce algo eterno.

Y aquí está la diferencia:

- Lo natural tiene un impacto en el tiempo, pero lo espiritual tiene un impacto en la eternidad. Por eso, el llamado de la mujer no es solo dar vida, sino formar propósito.

- No es solo traer hijos al mundo, sino levantar hijos para el Reino.

- No es solo multiplicar en lo natural, sino establecer en lo eterno.

Cuando una mujer entiende esto, su perspectiva cambia. Deja de medir su valor por lo que produce en lo visible, y comienza a entender el peso de lo que puede producir en lo invisible.

Se convierte en una mujer que no solo da a luz…

sino que forma destino.

Y esta es la maternidad que trasciende generaciones.

El Diseño de la Mujer

Cuando una mujer da a luz, no está recibiendo; está dando. No se dice que una mujer "recibe" un nacimiento, sino que da a luz, porque en ese acto hay entrega, hay sacrificio, hay manifestación.

La mujer no solo produce vida; introduce propósito al mundo. Cada nacimiento es una ofrenda. Cada vida es una asignación. La mujer fue diseñada para ser un canal por el cual lo que Dios determina en el cielo pueda ser establecido en la tierra.

Y en este diseño, encontramos dignidad, valor y propósito eterno.

El Dolor de Dar a Luz

Dar a luz siempre implica dolor. No existe nacimiento sin proceso, ni manifestación sin presión. El dolor de parto no es un castigo; es evidencia de que algo está siendo formado y está a punto de manifestarse.

Cuando una mujer entra en labor de parto, su cuerpo responde a una realidad invisible que está por hacerse visible. Hay presión, hay incomodidad, hay sacrificio. Sin embargo, ese dolor no señala el final, sino el comienzo. Es la señal de que lo que ha sido concebido está listo para salir a la luz.

De la misma manera, en el ámbito espiritual, cada propósito que Dios deposita en una mujer pasa por un proceso de gestación. Y cuando llega el momento de manifestarse, habrá dolor. Habrá presión. Habrá momentos donde parecerá más fácil rendirse que continuar. Pero ese dolor no es pérdida; es transición.

Es el cruce entre lo eterno y lo natural.

El dolor de dar a luz es el precio de introducir en la tierra aquello que el cielo ya determinó. Es el lenguaje del sacrificio, el lenguaje del amor, el lenguaje de alguien que está dispuesta a entregar todo para que el propósito de Dios se cumpla.

Pero es importante entender esto: el dolor no es el destino.

El dolor no define el resultado. El dolor anuncia que el resultado está cerca.

Después del dolor viene el fruto. Después de la presión viene la manifestación. Después del proceso viene el impacto. Lo que nace de ese lugar no es temporal; tiene peso eterno y produce efecto en generaciones.

Así como María cargó el propósito y atravesó el proceso hasta dar a luz al Salvador, cada mujer que ha sido llamada por Dios deberá atravesar su propio proceso de parto espiritual. Y aunque duela, ese dolor dará fruto, y ese fruto transformará la tierra.

Abortos Espirituales

No todo lo que Dios deposita en una vida llega a manifestarse en la tierra. Hay propósitos que fueron concebidos en momentos de encuentro con Dios, palabras que fueron recibidas con claridad y asignaciones que comenzaron con convicción, pero que en algún punto del proceso fueron interrumpidas antes de ver su cumplimiento. Esto no siempre ocurre por falta de capacidad, sino por desgaste en el proceso, por presión, por dolor o por no comprender el peso de lo que se estaba cargando. En lo natural, un aborto representa la interrupción de una vida antes de su manifestación; en lo espiritual, ocurre de manera similar cuando algo que Dios depositó es abandonado, rechazado o dejado morir antes de su tiempo, no porque carecía de propósito, sino porque no fue sostenido hasta el final.

Cuando el Proceso es Interrumpido

El enemigo no siempre busca impedir que una mujer conciba propósito, porque sabe que Dios ya ha sembrado en ella semillas eternas; lo que intenta es interrumpir el proceso de gestación, desgastar su fe, nublar su visión y hacerle creer que lo que está cargando no vale el costo ni el esfuerzo. De esta manera, permite que la concepción ocurra, pero pelea intensamente contra la permanencia, sabiendo que lo más poderoso no es solo lo que Dios deposita, sino lo que logra nacer. Es en medio de ese desgaste donde muchas mujeres, sin darse cuenta, sueltan lo que Dios les confió, no necesariamente por rebeldía, sino por cansancio, por frustración o por la presión de un proceso que parecía no tener fin.

En ese punto, la mente comienza a justificar lo que el espíritu una vez abrazó con fe. Lo que antes era convicción se vuelve duda, y lo que antes era claridad se vuelve confusión. Así, poco a poco, se abandona lo que una vez se recibió con certeza. Sin embargo, el hecho de que algo haya sido interrumpido no significa que nunca tuvo destino; significa que el proceso fue detenido antes de tiempo. Y aun en esa interrupción, el propósito no pierde su valor delante de Dios, porque todo lo que Él origina lleva en sí mismo una intención eterna.

El Llamado al Arrepentimiento

Pero hay una verdad que debe ser establecida con claridad: Dios no revela estas cosas para condenar, sino para restaurar. La intención del Espíritu Santo no es señalar para destruir, sino iluminar para corregir y volver a alinear. Si en algún momento soltaste lo que Él te entregó, si dejaste morir algo que había sido sembrado en tu espíritu, o si abandonaste un proceso porque el dolor parecía mayor que la promesa, hoy no es un día de culpa, sino de retorno.

El arrepentimiento no es quedarse en el error, ni vivir atado al pasado; es volver al diseño original, es realinearse con la voz de Dios y tomar nuevamente aquello que se había soltado. Es reconocer que en algún punto se perdió la dirección, pero decidir regresar a ella con una nueva determinación. Es poder decir desde lo profundo del corazón: "Señor, vuelvo a Ti. Vuelvo a creer en lo que me hablaste. Vuelvo a sostener lo que pusiste en mí, aun si el proceso no es fácil." Porque el arrepentimiento verdadero no solo cambia la mente, cambia la dirección de la vida.

Dios Restaura lo que Fue Interrumpido

Dios tiene la capacidad de restaurar lo que parecía perdido y de reactivar lo que fue detenido. Él no está limitado por temporadas pasadas ni por decisiones tomadas en momentos de debilidad. Lo que no nació en un tiempo puede volver a ser formado en otro, y lo que fue interrumpido puede ser restaurado cuando hay una disposición genuina de volver a cargarlo.

La Escritura declara:

"Y os restituiré los años que comió la oruga..." (Joel 2:25)

Revelando que el cielo no opera con finales definitivos, sino con redención continua.

Dios no cancela propósito; lo guarda, lo preserva y lo vuelve a presentar cuando encuentra un corazón dispuesto. Aun aquello que parecía haber sido perdido no desaparece del todo en el plan de Dios, sino que permanece como una semilla esperando condiciones correctas para volver a germinar. Esto revela el carácter de Dios: Él es restaurador, redentor y fiel a lo que ha hablado, aun cuando el hombre no haya sido fiel en sostenerlo.

Volviendo a Cargar Propósito

Hoy, más que confrontar, Dios está extendiendo una invitación. Así como buscó a María, sigue buscando mujeres disponibles, no perfectas, pero rendidas; no sin historia, pero con la disposición de volver a decir "sí". Porque un "sí" restaurado tiene el poder de producir lo que un "sí" abandonado no logró manifestar. No se trata de comenzar desde cero, sino de retomar desde un lugar de mayor entendimiento, de mayor dependencia y de una fe más madura.

Volver a cargar propósito implica aceptar nuevamente el proceso, abrazar el tiempo de formación y confiar en que aquello que Dios depositó en el principio aún tiene destino. Implica caminar sabiendo que el dolor no es señal de fracaso, sino evidencia de que algo eterno está siendo formado. Y en ese momento, la mujer deja de vivir desde lo que perdió, y comienza a caminar desde lo que Dios ha decidido restaurar en ella, convirtiéndose nuevamente en un portal por medio del cual el cielo puede manifestarse en la tierra.

Oración De Restauración Y Reactivación

Padre eterno, en el nombre de Jesús, hoy me presento delante de Ti reconociendo que Tú has depositado propósito en mi vida. Has sembrado en mí cosas eternas, llamados y asignaciones que nacieron en Tu corazón. Y hoy, con humildad, reconozco que en algunos momentos no supe sostener lo que Tú me entregaste y solté cosas que tenían destino en Ti.

Señor, hoy me arrepiento y vuelvo a Ti. Renuncio a toda mentira que me hizo creer que ya era tarde o que lo que se perdió no podía ser restaurado. Hoy vuelvo a alinearme con Tu voz y vuelvo a decir "sí" a lo que Tú hablaste sobre mi vida.

Espíritu Santo, sana mi corazón y restaura en mí lo que fue interrumpido. Quita todo temor, cansancio y duda, y lléname de fe, claridad y determinación para sostener el proceso hasta ver cumplimiento.

Declaro que lo que fue detenido es reactivado, que lo que parecía perdido es restaurado y que vuelvo a cargar propósito con una nueva fuerza. No soltaré lo que Tú me entregues. Caminaré contigo y confiaré en Tu tiempo.

Gracias porque no has terminado conmigo. Tu propósito sigue vigente en mi vida.

En el nombre de Jesús. Amén.

Llamadas a Dar a Luz Propósito

Así como María dio a luz a Cristo, Dios sigue llamando a mujeres a dar a luz Su propósito en la tierra. No todas darán a luz de la misma manera, pero todas están llamadas a producir algo eterno: propósito, llamado, generaciones y movimientos.

La mujer no fue diseñada solo para recibir; fue diseñada para manifestar. Fue diseñada para ser portal.

Muchas mujeres han esperado el momento perfecto para comenzar, sin entender que el propósito no responde a condiciones ideales, sino a obediencia. Dios no está buscando mujeres que lo tengan todo resuelto, está buscando mujeres que estén dispuestas a caminar en fe.

Dar a luz propósito no siempre será cómodo, pero siempre será significativo. Lo que Dios deposita en una mujer tiene destino, tiene peso y tiene impacto.

Mujeres que Dan a Luz al Reino

Dios sigue buscando mujeres que respondan como María: "Hágase conmigo conforme a tu palabra."

Mujeres que no resistan el proceso, que no teman el costo y que entiendan que cargar propósito puede doler, pero siempre transformará generaciones. El proceso puede ser incómodo y el tiempo puede parecer incierto, pero lo que nace de Dios siempre tiene destino.

Tú no fuiste llamada solo a existir. Fuiste llamada a dar a luz lo que el cielo quiere manifestar en la tierra. Pero todo portal es probado, y toda mujer que carga el propósito de Dios será pasada por fuego, no para destruirla, sino para purificar lo que lleva dentro.

Estas son mujeres que entienden que su vida no les pertenece completamente a ellas, sino que es un instrumento en las manos de Dios. Mujeres que no negocian su proceso, que no retroceden ante la presión y que entienden que lo que están cargando tiene un propósito eterno.

Claves para recordar

- Dios busca disponibilidad, no perfección
- Un "sí" abre acceso al cielo
- El propósito debe ser sostenido hasta manifestarse
- Dios restaura lo que fue interrumpido

Declaración Profética

Hoy declaro sobre tu vida que te conviertes en un portal para el propósito de Dios en la tierra. Declaro que tu vientre espiritual es activado para dar a luz lo eterno. Declaro que tienes la valentía de decir "sí" al cielo, aun cuando no entiendas completamente el proceso.

Declaro que lo que Dios depositó en ti no será detenido, sino manifestado en su tiempo perfecto. Te levantas como mujer que carga, protege y da a luz el propósito de Dios.

En el nombre de Jesús. Amén.

Oración

Padre amado,

Hoy levanto mi voz delante de Ti por cada mujer que ha recorrido estas páginas, declarando que ninguna de ellas ha pasado por el fuego en vano. Declaro que cada proceso, cada prueba y cada momento de presión ha sido usado por Ti para formar, afirmar y revelar el propósito eterno que depositaste en ellas.

Como está escrito: "Para que sometida a prueba vuestra fe, mucho más preciosa que el oro, el cual, aunque perecedero se prueba con fuego, sea hallada en alabanza, gloria y honra cuando sea manifestado Jesucristo" (1 Pedro 1:7).

Declaro que el fuego no las destruyó, las refinó. No las debilitó, las fortaleció. Hoy se levantan con una fe purificada, con una identidad firme y con una autoridad espiritual establecida en Ti.

Profetizo que entran en un nuevo tiempo, donde ya no caminan desde la herida, sino desde el propósito; ya no reaccionan desde el dolor, sino que gobiernan desde la presencia. Se levantan como mujeres a prueba de fuego, firmes, maduras y alineadas con el diseño del cielo.

Declaro que sus generaciones serán marcadas por su fidelidad, que su casa será establecida en justicia y que su vida será evidencia viva de Tu gloria en la tierra.

Hoy reciben la fuerza para permanecer, la claridad para avanzar y la autoridad para establecer lo que Tú has determinado.

En el nombre de Jesús. Amén.

— Profeta Naomi Espinoza

A Prueba de Fuego

El fuego no vino para destruirte; vino para revelarte. A lo largo de estas páginas hemos recorrido el diseño original, el dolor de la caída, la restauración de la identidad, la visión del reino, la intercesión y la madurez. Cada capítulo ha sido una pieza del proceso, pero todo converge en un mismo punto: el fuego.

El fuego incomoda. El fuego purifica. El fuego revela lo que es oro y lo que no lo es. No todo lo que entra al fuego permanece, pero todo lo que permanece después del fuego ha sido refinado.

"Para que sometida a prueba vuestra fe… sea hallada en alabanza, gloria y honra." (1 Pedro 1:7)

Dios no desperdicia el fuego. Él lo usa con intención. Lo que para muchos es destrucción, para Dios es formación. Lo que parece el final, en realidad es el proceso donde Él separa lo superficial de lo eterno.

El fuego no solo prueba lo que eres; revela en quién te has convertido. Y en ese proceso, todo aquello que no tiene raíz en Dios comienza a desprenderse, mientras lo eterno permanece firme, inamovible y fortalecido.

El Fuego que Forma

Quizás has pasado por abandono, por rechazo, por traición, pérdidas o luchas silenciosas que nadie más vio. Momentos donde el dolor parecía más fuerte que la esperanza, y donde el proceso parecía interminable. Sin embargo, el fuego no fue tu final; fue tu proceso.

Lo que el enemigo intentó usar para quebrarte, Dios lo utilizó para formarte. En medio del fuego se reveló tu verdadera fuerza, pero más importante aún, se reveló tu dependencia de Dios. Porque el fuego tiene la capacidad de quitar todo aquello en lo que confiabas, hasta dejarte únicamente con Aquel que nunca falla.

Y allí, en ese lugar, entendiste que tu identidad no estaba en lo que perdiste, sino en Aquel que te llamó.

El fuego tiene un lenguaje que solo se entiende cuando se atraviesa. Es en ese lugar donde la fe deja de ser teoría y se convierte en convicción. Donde la oración deja de ser rutina y se convierte en necesidad. Donde la presencia de Dios deja de ser un concepto y se convierte en refugio.

La Mujer que Permanece

La mujer a prueba de fuego no es perfecta; es perseverante. No es la que nunca cayó, sino la que aprendió a levantarse. No es la que nunca lloró, sino la que convirtió sus lágrimas en intercesión.

Ella ha entendido algo que transforma su manera de vivir: su historia no termina en la herida, termina en propósito. El dolor no define su destino, lo prepara. Las circunstancias no determinan su identidad, solo revelan lo que Dios ya había depositado dentro de ella.

La mujer que permanece ha aprendido a sostener lo

que antes soltaba. Ha aprendido a confiar donde antes dudaba. Ha aprendido a caminar donde antes se detenía. Y en ese proceso, su carácter ha sido afirmado, su fe ha sido fortalecida y su identidad ha sido establecida.

Generaciones Marcadas por tu Fuego

Tu proceso nunca fue solo acerca de ti. Tus hijos verán tu fe. Tus generaciones caminarán en la herencia que tú defendiste en oración. Aunque tal vez hoy no puedas ver el resultado completo, lo que sembraste en lágrimas será cosechado en victoria.

"Los que sembraron con lágrimas, con regocijo segarán." *(Salmos 126:5)*

El fuego no solo te transformó a ti; transformó lo que viene después de ti. Cada oración, cada decisión de permanecer, cada momento en que elegiste confiar en Dios en lugar de rendirte, dejó una marca que alcanzará generaciones.

Hay batallas que parecían personales, pero en realidad eran generacionales. Había algo en tu proceso que iba más allá de tu vida, algo que estaba rompiendo ciclos, estableciendo nuevos caminos y abriendo puertas que otros no habían podido abrir antes.

Tu lucha no fue invisible. Tu fidelidad no fue ignorada. Dios vio cada momento, cada entrega, cada acto de obediencia.

Tu Lugar Está de Pie

No naciste para sobrevivir; naciste para establecer. No naciste para reaccionar a lo que sucede a tu alrededor; naciste para gobernar desde la presencia. No naciste para vivir intimidada por el proceso; naciste para caminar en autoridad espiritual.

Dios no ha terminado contigo. Aún hay visión. Aún hay propósito. Aún hay generaciones esperando tu voz, tu ejemplo y tu obediencia.

Y aunque el proceso intentó hacerte sentir que habías perdido terreno, la verdad es que el fuego no te hizo retroceder—te posicionó. Te llevó a un lugar donde ya no caminas desde la inseguridad, sino desde la convicción

- Tu lugar no fue removido.
- Tu llamado no fue cancelado.
- Tu propósito sigue en pie.

Señales de una Mujer a Prueba de Fuego

Una mujer a prueba de fuego no se reconoce por lo que evita, sino por lo que sostiene. Su vida refleja una fortaleza que no proviene de sus circunstancias, sino de su relación con Dios.

Se reconoce porque permanece firme cuando todo a su alrededor es inestable. No negocia su identidad por aprobación, porque ha entendido quién es en Dios. Aprende a depender del Señor y no de sus emociones, y aun cuando es herida, decide responder desde la madurez y no desde el dolor.

Es una mujer que persevera en oración, aunque no vea resultados inmediatos, que camina en obediencia aun cuando no entiende completamente el proceso. Guarda su corazón aun después de haber sido lastimada, porque sabe que endurecerse no la protegerá, pero sí la desconectará del propósito.

No abandona el proceso, lo atraviesa. No deja de creer, aun cuando sería más fácil rendirse. Porque ha entendido que el fuego no es su enemigo; es la herramienta que Dios usa para formarla.

Una mujer a prueba de fuego no es la que no pasa por pruebas, sino la que no se rompe en ellas. El fuego no la consume; la define.

Comisión Final

Este libro no termina; te envía.

Te envía a levantarte, a caminar, a orar, a edificar y a gobernar desde la presencia. Te envía a ser la mujer que el fuego no pudo destruir, la mujer que el proceso no logró quebrar, la mujer que permanece aun cuando todo intentó detenerla.

No fuiste formada para retroceder. Fuiste formada para avanzar, para establecer y para manifestar el propósito de Dios en la tierra.

Y ahora no solo tienes entendimiento—tienes responsabilidad. Porque una mujer que ha sido formada en el fuego no puede volver a vivir de la misma manera. Hay una convicción interna que la impulsa, una voz que la guía y una certeza que la sostiene.

Claves para recordar

- El fuego no es el final, es el proceso
- Tu historia no termina en la herida
- Fuiste formada, no destruida
- Tu propósito sigue vigente

Declaración Profética Final

Hoy declaro sobre tu vida que el fuego no te definió, te refinó. Declaro que tu identidad está establecida en Cristo y nadie la podrá remover. Declaro que tu casa será firme, tus generaciones serán bendecidas y tu legado será visible en la tierra.

Declaro que caminas en autoridad espiritual, en madurez y en propósito eterno. Lo que comenzó como prueba termina como testimonio.

Eres mujer restaurada. Eres mujer fortalecida. Eres mujer a prueba de fuego.

En el nombre de Jesús. Amén.

Esto no es el final de tu historia… es el inicio de tu manifestación.

Carta de la Autora

Querida mujer,

Si este libro llegó a tus manos, no fue por casualidad. Creo firmemente que Dios permite encuentros divinos en los momentos precisos de nuestra vida.

Tal vez estás leyendo estas palabras en medio de una prueba. Tal vez vienes saliendo de una batalla. O quizás apenas estás comenzando a descubrir quién eres en Dios. Sea cual sea tu estación, quiero que sepas algo: no estás sola.

Yo también he caminado por procesos. He enfrentado fuego. He tenido que aprender a permanecer cuando todo parecía querer moverse bajo mis pies. Y en cada etapa, Dios me mostró que el fuego no venía para destruirme, sino para formarme.

Ser mujer no es debilidad. Es diseño. Ser madre no es limitación. Es legado. Ser intercesora no es carga. Es autoridad.

Dios nunca se equivocó contigo. Tu historia no es un accidente. Tu proceso no es en vano.

Si alguna vez dudaste de tu valor, vuelve al origen. Si alguna vez perdiste tu voz, vuelve a la presencia. Si alguna vez te sentiste pequeña, recuerda que el cielo te llama hija.

No permitas que el pasado defina tu futuro. No permitas que la herida apague tu propósito. No permitas que el fuego te haga retroceder cuando fue enviado para impulsarte.

Mi oración es que estas páginas no solo te hayan informado, sino transformado. Que no solo te hayan enseñado, sino activado.

Levántate con identidad. Camina con madurez.

Intercede con autoridad. Ama con profundidad. Edifica generaciones.

El mundo necesita mujeres firmes, llenas del Espíritu, alineadas con el cielo y establecidas en su propósito.

Y creo que tú eres una de ellas.

Con amor y esperanza,

—Profeta Naomi Espinoza

Las Oraciones de una Madre

La intercesión de una madre no es débil. Es persistente. Es firme. Es constante.

Jesús contó la parábola de la viuda persistente para enseñarnos que la oración perseverante produce justicia:

"Había en cierto pueblo un juez que no tenía temor de Dios ni consideración de nadie. En el mismo pueblo había una viuda que insistía en pedirle: 'Hágame usted justicia contra mi adversario'… Como esta viuda no deja de molestarme, voy a tener que hacerle justicia." (Lucas 18:2–5)

Una madre no ora una vez. Ora hasta ver cumplimiento.

La oración de una madre protege, restaura y levanta generaciones. Este capítulo contiene oraciones para declarar sobre la familia, la mujer, la nación y las generaciones — no desde temor, sino desde fe.

Oración por la Familia

"Hazme justicia contra mi adversario." (Lucas 18:3)

Padre celestial, en el nombre de Jesús, cubro a mi familia con la sangre preciosa de Cristo. Declaro que mi casa pertenece al Señor y que ningún plan del enemigo prosperará contra ella.

Levanto protección espiritual alrededor de mi hogar. Declaro que tu presencia habita en nuestra casa y que tu paz gobierna nuestras decisiones.

Restauro, en el nombre de Jesús, todo lo que haya sido robado. Lo que fue atacado será fortalecido. Lo que fue herido será sanado. Lo que fue dispersado será reunido.

Mis generaciones te servirán. Mi casa será llena de tu unción. Tu favor seguirá a mis hijos y a los hijos de mis hijos.

En el nombre de Jesús. Amén.

Activa tu Oración

Escribe el nombre de tus hijos o familiares por quienes estás intercediendo:

¿Qué promesa bíblica estás creyendo para tu casa?

¿Qué situación específica estás presentando hoy delante de Dios?

Oración por la Mujer

"Me levanté como madre en Israel." (Jueces 5:7)

Señor, levanta mujeres firmes y apasionadas por tu presencia. Mujeres que no vivan distraídas, sino alineadas con tu propósito.

Despierta una generación de mujeres que intercedan por sus ciudades, que claman por transformación y que caminan con valentía espiritual.

Levanta mujeres como Débora, que escuchen tu voz. Levanta mujeres que actúen con determinación. Levanta mujeres que profeticen esperanza y restauración sobre su entorno.

Declaro que la mujer se levanta en autoridad espiritual, no por orgullo, sino por obediencia.

En el nombre de Jesús. Amén.

Activa tu Declaración

¿En qué área necesitas levantarte con valentía espiritual?

____

____

____

____

¿Qué ciudad, comunidad o familia estás llamada a cubrir en oración?

____

____

____

____

Oración por Mujeres en Autoridad

"Ve y reúne a todos los judíos… y, si perezco, que perezca." (Ester 4:16)

Padre, oramos por cada mujer que ocupa posición de liderazgo: en la iglesia, en la familia, en la educación, en el gobierno y en la sociedad.

Así como Ester fue posicionada para un tiempo específico, declaramos que cada mujer en autoridad comprenderá su asignación y caminará con valentía.

Que intercedan por su nación. Que tomen decisiones con temor de Dios. Que actúen con sabiduría y justicia.

Señor, trae sanidad a nuestra tierra. Levanta mujeres que gobiernen con integridad y corazón limpio.

En el nombre de Jesús. Amén.

Activa tu Intercesión

Escribe el nombre de una mujer líder por quien estás orando:

Oración por el Vientre y las Generaciones

"Rahab y su familia vivieron en medio de Israel" (Josué 6:25)

Padre celestial, declaramos fertilidad espiritual y propósito sobre cada mujer.

Así como la tierra fue diseñada para producir fruto, declaramos que cada mujer dará fruto en su tiempo — ya sea en hijos biológicos o en hijos espirituales.

Declaro que los vientres son tierra fértil. Declaro que las generaciones que se levanten caminarán en obediencia, liderazgo y temor de Dios.

Declaro que nuestros hijos serán firmes en identidad, llenos del Espíritu Santo y establecidos en propósito.

Lo que comienza hoy en oración, será visto mañana en cumplimiento.

En el nombre de Jesús. Amén.

Activa tu Fe

Escribe el nombre de las generaciones que estás cubriendo:

____

____

____

____

¿Qué legado espiritual deseas dejar?

____

____

____

____

Cierre del Capítulo

La oración de una madre no termina cuando dice "Amén". Continúa en fe, en perseverancia y en expectativa.

El cielo responde cuando una mujer se levanta en intercesión.

Sin guerra no hay victoria. Sin oración no hay manifestación.

Pero cuando una madre ora… Las generaciones cambian.

Conéctate con Naomi Espinoza

Mantente conectado para mensajes, enseñanzas y actualizaciones.
Escanea el código o sigue las plataformas a continuación.

 @PROPHETNAOMIESPINOZA

 PROPHET NAOMI ESPINOZA